KOREA

韓国行ったら これ食べよう！

地元っ子、旅のリピーターに聞きました。

八田靖

誠文堂新光社

잘 먹겠습니다 !

最近は日本でも韓国料理がずいぶんと身近になりました。
焼肉やビビンバだけでなく、スンドゥブチゲやチーズタッカルビなど、
たくさんの料理を気軽に楽しめるようになっています。

でも、韓国料理の世界はまだまだ奥が深い。

本場に行けば知らない料理が山ほどありますし、
日本ではなかなか食べられない、現地だからこその料理もあります。
しかも、そういう料理こそ、やたらおいしいんですよねぇ。

なので、この本では日本ではなかなか食べられないレア料理から、
本場の専門店で食べてこそ本当においしい匠の料理までを厳選。
韓国料理の魅力を、もう一歩奥まで踏み込んで楽しむことを目指しました。

韓国が大好きで何度も通ってしまうリピーターさんも、
初めての韓国で絶対に食事を失敗したくないグルメなビギナーさんも、
ぜひこの本を参考にあちこち巡ってみてください。

きっと韓国料理がもっと大好きになるはずです。

八田靖史

좌회전금지
07:00-23:00
세무사 이종옥
조명팩토리
2018
서울
디자인
클라우드
앵글

성미식품

7,000
7,000
6,000
된장찌개 6,000
순 두 부 6,000
청 국 장
밥 과 국 포함 입니다.
Certificate
Carrier

さあ、なに食べよう。

目次

［本書について］

※本書では体験者の旅の思い出を含んだ料理についてのコメントを、memoではその料理についての解説を掲載してあります。

※各ページに掲載している参考価格は2018年9月現在のものです。時期や店、地域によって異なります。

※料理の読み方は現地の発音をふまえたうえで、日本で使われている表記を優先しました。

※各ページに掲載しているアイコンのうち、は辛さの目安です。

※以下のアイコンは、季節限定メニューの時期の目安です。

 春：3～5月
 夏：6～8月
 秋：9～11月
 冬：12～2月

韓国語で考えるオーダーのコツ

メニューでよく目にするハングルを覚えておけば、どんな料理かおおまかな予想をつけられる。ハングルそのものはわからなくても、料理によく使われる文字は覚えておこう。

料理

구이《クイ》
焼きもの
갈비구이
カルビグイ
（牛カルビ焼き）

튀김《トゥィギム》
揚げもの
새우튀김
セウティギム
（エビの天ぷら）

전《チョン》
チヂミ、衣焼き
파전
パジョン
（葉ネギのチヂミ）

조림《チョリム》
煮もの、煮付け
고등어조림
コドゥンオジョリム
（サバの煮付け）

찜《ッチム》
蒸しもの、蒸し煮
아구찜
アグチム
（アンコウの蒸し煮）

볶음《ポックム》
炒めもの
낙지볶음
ナクチボックム
（テナガダコの炒め物）

회《フェ》
刺身
광어회
クァンオフェ
（ヒラメの刺身）

말이《マリ》
巻きもの
계란말이
ケランマリ
（卵焼き）

쌈《ッサム》
包む
보쌈
ポッサム
（茹で豚の葉野菜包み）

나물《ナムル》
ナムル（野菜や山菜のゴマ油和え）
시금치나물
シグムチナムル
（ホウレンソウのナムル）

무침《ムチム》
和えもの
골뱅이무침
コルベンイムチム
（ツブガイの和え物）

국《クㇰ》
汁気の多いスープ
미역국
ミヨックッ
（ワカメスープ）

찌개《ッチゲ》
汁気の少ない鍋
김치찌개
キムチチゲ
（キムチ鍋）

지리《チリ》
辛くない魚の鍋
복지리
ポクチリ
（フグのスープ）

매운탕《メウンタン》
辛い魚の鍋
조기매운탕
チョギメウンタン
（イシモチの辛い鍋）

탕《タン》
スープ
설렁탕
ソルロンタン
（牛スープ）

만두《マンドゥ》
餃子
김치만두
キムチマンドゥ
（キムチ餃子）

빙수《ピンス》
カキ氷
팥빙수
パッピンス
（氷アズキ）

전골《チョンゴル》
鍋料理
만두전골
マンドゥジョンゴル
（餃子鍋）

味付け

소금《ソグム》
塩、塩味
소금구이
ソグムグイ
（塩焼き）

한방《ハンバン》

韓方材を使った

한방닭백숙
ハンバンタッペクスク
(鶏の韓方煮)

불《プル》

激辛の薬味ダレ

불닭
プルダク
(激辛のグリルチキン)

양념《ヤンニョム》

甘辛い薬味ダレ

양념치킨
ヤンニョムチキン
(辛口のフライドチキン)

된장《トゥエンジャン》

味噌、味噌味

된장비빔밥
テンジャンピビムパプ
(味噌ビビンバ)

간장《カンジャン》

醤油、醤油味

간장게장
カンジャンケジャン
(ワタリガニの醤油漬け)

볶음밥《ポックムパプ》

チャーハン

김치볶음밥
キムチポックムパプ
(キムチチャーハン)

비빔밥《ピビムパプ》

混ぜごはん

육회비빔밥
ユッケピビムパプ
(ユッケビビンバ)

밥《パプ》

ごはん

곤드레밥
コンドゥレパプ
(アザミの葉ごはん)

炭水化物系

마늘《マヌル》

ニンニク、ニンニク味

마늘치킨
マヌルチキン
(ニンニクチキン)

국수《ククス》

麺、素麺

잔치국수
チャンチグクス
(にゅうめん)

떡《ットク》

餅

팥시루떡
パッシルトク
(アズキ入りの蒸し餅)

죽《チュク》

粥

전복죽
チョンボッチュク
(アワビ粥)

국밥《クッパプ》

スープごはん

콩나물국밥
コンナムルクッパプ
(モヤシスープごはん)

덮밥《トッパプ》

どんぶり風の皿ごはん

제육덮밥
チェユットッパプ
(豚肉炒め載せごはん)

빵《ッパン》

パン、饅頭

붕어빵
プンオパン
(タイ焼き)

라면《ラミョン》

ラーメン
(インスタントの乾麺が主流)

김치라면
キムチラミョン
(キムチラーメン)

면《ミョン》

麺

냉면
ネンミョン
(冷麺)

수제비《スジェビ》

すいとん

들깨수제비
トゥルケスジェビ
(エゴマすいとん)

칼국수《カルグクス》

うどん

바지락칼국수
パジラッカルグクス
(アサリ入り手打ちうどん)

백반《ペッパン》

定食

순두부백반
スンドゥブペッパン
(豆腐鍋定食)

정식《チョンシク》

定食

생선구이정식
センソングイジョンシク
(焼き魚定食)

모듬《モドゥム》

盛り合わせ

모듬전
モドゥムジョン
(チヂミ盛り合わせ)

사리《サリ》

トッピング、追加

라면사리
ラミョンサリ
(鍋料理に追加するラーメン)

ほかにもいろいろ

わかると便利な単語集

肉類

소고기	牛肉
돼지고기	豚肉
닭고기	鶏肉
오리고기	アヒル肉

肉の部位

갈비	骨付きの牛カルビ
갈비살	骨なしの牛カルビ
등심	牛ロース
살치살	牛肩ロース（ザブトン）
부채살	牛ミスジ
안창살	牛ハラミ
차돌박이	牛バラ肉
양	ミノ（牛の第１胃）
벌집	ハチノス（牛の第２胃）
처녑	センマイ（牛の第３胃）
막창	ギアラ（牛の第４胃）
곱창	コプチャン（小腸）
대창	テッチャン（大腸）
삼겹살	豚バラ肉
오겹살	皮付きの豚バラ肉
돼지갈비	豚カルビ
목살	豚肩ロース
항정살	豚トロ
갈매기살	豚ハラミ
막창	豚の直腸
껍데기	豚皮
족발	豚足
통닭	丸鶏
닭똥집	鶏の砂肝
닭발	鶏の足

魚介類

고등어	サバ
갈치	タチウオ
꽁치	サンマ
삼치	サワラ
이면수	ホッケ
조기	イシモチ
굴비	イシモチの干物
명태	スケトウダラ
황태	スケトウダラの干物
아구	アンコウ
광어	ヒラメ
도미	タイ
우럭	クロソイ
참치	マグロ、ツナ
낙지	テナガダコ
주꾸미	イイダコ
오징어	スルメイカ
꽃게	ワタリガニ
새우	エビ
조개	貝
전복	アワビ
굴	牡蠣
바지락	アサリ

유자 ユズ

卵・加工品

계란 卵

치즈 チーズ

두부 豆腐

순두부 おぼろ豆腐

飲料系

우유 牛乳

커피 コーヒー

아메리카노 アメリカーノ

카페라테 カフェラテ

카푸치노 カプチーノ

홍차 紅茶

허브티 ハーブティ

전통차 伝統茶

콜라 コーラ

사이다 サイダー

맥주 ビール

소주 焼酎

막걸리 マッコリ

상추 サンチュ、チシャ

깻잎 エゴマの葉

고추 トウガラシ

마늘 ニンニク

인삼 高麗人参

더덕 ツルニンジン

도라지 キキョウの根

도토리 ドングリ

버섯 キノコ

송이버섯 マツタケ

フルーツ系

사과 リンゴ

배 ナシ

귤 ミカン

딸기 イチゴ

포도 ブドウ

수박 スイカ

참외 マクワウリ

복숭아 モモ

대추 ナツメ

골뱅이 ツブガイ

김 海苔

미역 ワカメ

野菜系

배추 ハクサイ

무 ダイコン

파 ネギ、長ネギ

양파 タマネギ

부추 ニラ

갓 カラシナ

감자 ジャガイモ

고구마 サツマイモ

당근 ニンジン

옥수수 トウモロコシ

호박 カボチャ、カボチャの未熟果

콩나물 大豆モヤシ

고사리 ワラビ

미나리 セリ

시금치 ホウレンソウ

오이 キュウリ

指さしにどうぞ、メニュー一覧

本書に掲載した主な料理を系統ごとに分類した。
注文時に指さしで使っても、何系を食べるか迷った時の参考にも。

キタメシ

北朝鮮由来の料理

만두국《マンドゥクッ》
P.27

ふだんの食事に

朝昼晩の食事にぴったり

김치말이밥《キムチマリパプ》
P.43

해주비빔밥《ヘジュビビムパプ》
P.36

도가니탕《トガニタン》
P.18

설렁탕《ソルロンタン》
P.16

장국밥《チャンクッパプ》
P.45

된장비빔밥《テンジャンビビムパプ》
P.38

우거지얼큰탕《ウゴジオルクンタン》
P.30

몸국《モムクッ》
P.28

순대국《スンデクッ》
P.26

북어국《プゴクッ》
P.24

함흥냉면《ハムンネンミョン》
P.56

간장게장《カンジャンケジャン》
P.46

장터국밥《チャントクッパプ》
P.44

청국장《チョングッチャン》
P.42

곤드레밥《コンドゥレパプ》
P.40

육회비빔밥《ユッケビビムパプ》
P.39

초계탕《チョゲタン》
P.61

짬뽕《チャンポン》
P.64

간짜장《カンチャジャン》
P.62

막국수《マッククス》
P.60

고기국수《コギグクス》
P.59

콩국수《コングクス》
P.58

순대스테이크《スンデステイク》
P.84

생선구이《センソングイ》
P.80

대구탕《テグタン》
P.19

석쇠불고기《ソクセブルコギ》
P.76

두레국수《トゥレグクス》
P.66

들깨수제비《トゥルケスジェビ》
P.65

がっつり食べたい！

量が多く、大人数で思いきり食べたいときに

꽃등심《コットゥンシム》 P.72

감자국《カムジャクッ》 P.22

삼계탕《サムゲタン》 P.20

어복쟁반《オボクチェンバン》 P.96

스테이크《ステイク》 P.82

낙지철판볶음《ナクチチョルパンボックム》 P.81

양꼬치《ヤンコチ》 P.78

닭갈비《タッカルビ》 P.77

소금구이《ソグムグイ》 P.74

개성무찜《ケソンムチム》 P.98

부대전골《ブデジョンゴル》 P.95

닭도리탕《タットリタン》 P.94

닭한마리《タッカンマリ》 P.92

모듬전《モドゥムジョン》 P.85

만두전골《マンドゥジョンゴル》 P.104

평양냉면《ピョンヤンネンミョン》 P.54

곱창전골《コプチャンジョンゴル》 P.105

박속연포탕《パクソクヨンポタン》 P.102

도루묵조림《トルムクチョリム》 P.101

생태탕《センテタン》 P.100

주꾸미구이《チュクミグイ》 P.117

돼지국밥《テジクッパプ》 P.110

小腹がすいたら

テイクアウト可で、小腹を満たしたいときに

釜山料理

양곱창《ヤンゴプチャン》 P.114

대구탕《テグタン》 P.118

밀면《ミルミョン》 P.112

프리미엄김밥《プリミオムキムパプ》 P.41

어묵고로케《オムクコロッケ》 P.120

조방낙지《チョバンナクチ》 P.116

냉채족발《ネンチェチョッパル》 P.115

완당《ワンダン》 P.121

가자미미역국《カジャミミヨックッ》 P.119

汁もの

スープだけではごはんにならないと思うことなかれ。韓国のスープは濃厚で具だくさん。定食として注文したり、ごはんや麺を入れたりして、ボリュームたっぷりの食事になる。おいしさがぎゅっと凝縮された一杯をご堪能あれ。

설《ソル》렁《ロン》탕《タン》

牛一頭を煮込んだ白濁スープ

厨房で大釜がぐつぐつ煮立っている。投入されているのは、ほとんど牛一頭。肉も骨も内臓も放り込んで、そのエキスをとことんまで絞り出す。専門店ともなれば丸一日火を落とさない。それでようやく白濁したスープができあがる。

　味つけはうっすら塩をきかせるか、あるいは塩すら入れないか。その塩梅は客側に任されており、卓上に用意された塩で好みの味にととのえる。

　慣れた韓国人であれば、自分で決めた量をさっと入れて食べ始めるが、実際に試してみるとこれが案外難しい。味見をすればするほどわからなくなるし、塩を入れすぎると途端に台無しに。少し薄いぐらいがちょうどよく、塩気よりも、牛のうまみを鋭敏に味わってこその料理。数回食べると、そうかこれを楽しむのか！という邂逅の瞬間が訪れる。

上／ソルロンタンの専門店はキムチの味にこだわる店が多い。スープに入れても可。　右／大釜から店中に肉を煮る香りが広がる。

現地の人はこう食べる。

★卓上にある塩、胡椒、刻みネギ、唐辛子ペーストなどを好みで入れて食べる。

★スープにごはんを入れて食べるのが韓国式。最初は別々に食べて、途中からごはんを入れるのでもかまわない。

★具として入っている肉は酢醤油につけてもおいしい。

★24時間営業の店も多いため、朝食、昼食、お酒を飲んだ後の酔いざましなど幅広く親しまれる。

memo

韓国には牛の各部位を煮込んだスープ料理が豊富にあり、そのなかでもさまざまな部位を一緒に煮込んだものをソルロンタンと呼ぶ。類似した料理にコムタンがあるが、コムタンとは「長く煮込んだスープ」という意味で、ソルロンタンも広義にはコムタンに含まれる。

参考価格：ソルロンタン　W 17,000／特、W 10,000／普通。MAP ▶ P.138 I 20

도《ト》가《ガ》니《ニ》탕《タン》

ぷるぷるとおいしいコラーゲン

ぷるんぷるんの食感と、口の中に吸いつくような艶めかしさ。トガニと呼ばれる牛のひざ軟骨は、いかにも明日の肌ツヤを保証してくれそうなコラーゲンのかたまりだ。韓国に牛を煮込んだスープは数あれど、この食感は一度食べるとやみつきになる。韓国には「興奮のトガニ（るつぼを意味する同音異義語）」という表現があるが、まさしくこれも興奮。ニンニク、青唐辛子をきかせた酢醤油が、またトガニとよく合って後を引くのだ。

参考価格：トガニタン　W 25,000。MAP ▶ P.138 I 20

上／チョガンジャンと呼ばれる酢醤油。これが食感を引き立てる。　右／トガニは食べやすいサイズにハサミでカットしてくれる。

現地の人はこう食べる。

★トガニは酢醤油につけて食べる。
★スープは好みで塩、胡椒などを加えて味をととのえる。
★トガニを肴にして焼酎を飲む人も。
★生の青唐辛子やニンニクの芽に味噌をつけて口直し。

대《テ》구《グ》탕《タン》

日本ではよく見るレアメニュー

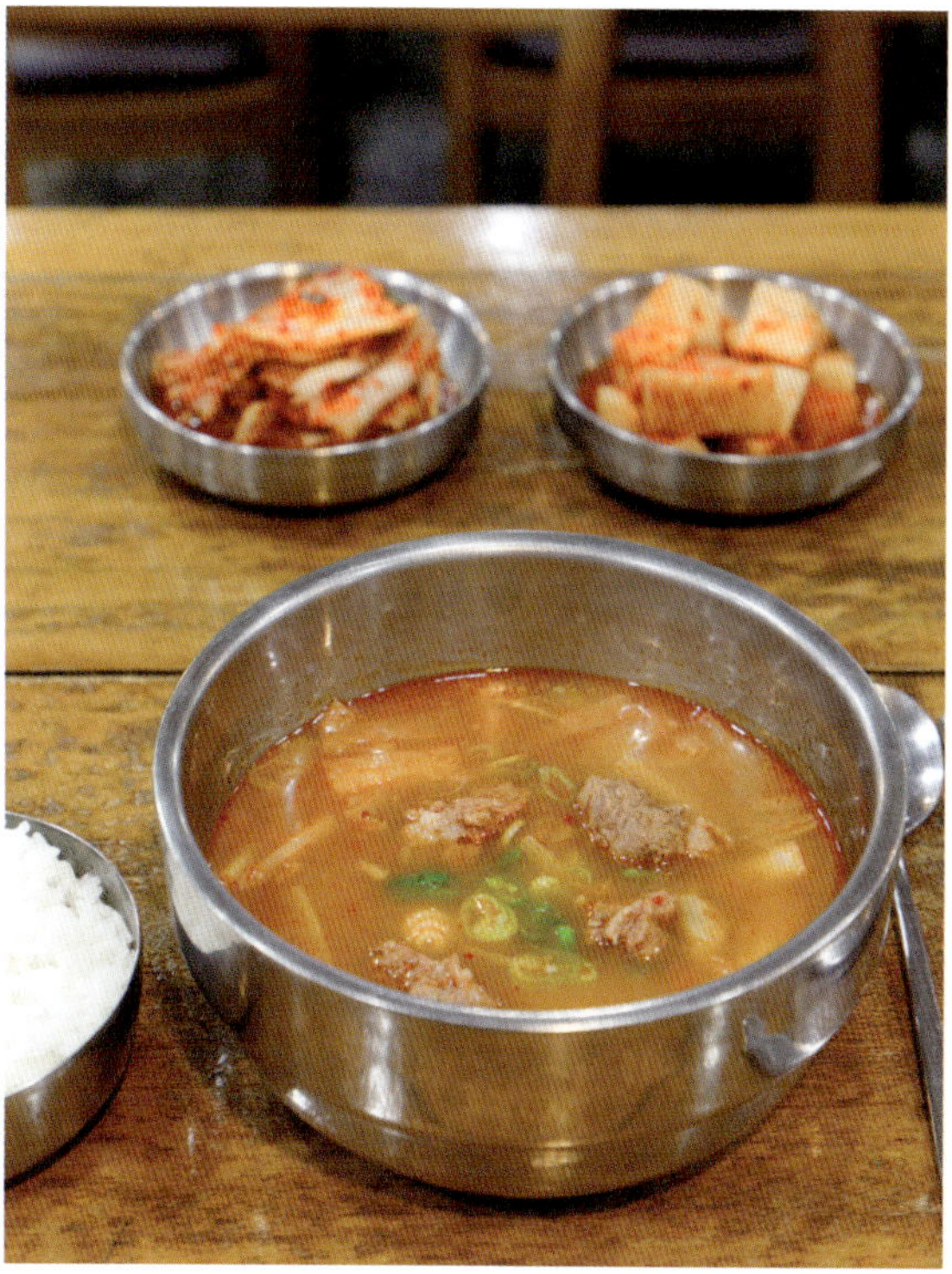

ピリッと辛いスープにごろんと大きな牛肉とトロトロの長ネギ。この料理を現在はユッケジャンと総称するが、かつてはテグタン（大邱湯）と呼んだ。これはかつて牛市場があって多彩な牛肉料理が発達した大邱式のスープを意味する。１９２０年代のソウルで大流行するも、現在は名称がほぼ消滅。知る人ぞ知るレアメニューとなった。日本の焼肉店でよく見るテグタンはこれがルーツ。元祖の味を知りたい人はぜひ。

参考価格：テグタン　W 10,000。MAP ▶ P.138 I 17

現地の人はこう食べる。

★ランチタイムに訪れる会社員多数。

★副菜の大根キムチの汁を少量入れても美味。味わいがさっぱりする。

★夜は焼肉が中心。ひとしきり肉を食べた後のシメにちょうどいい。

左／牛骨と牛カルビを煮込んだスープはとろっとして甘味がある。牛カルビは具としても入る。　上／昼時にさっと食べられるのも魅力。

삼《サム》계《ゲ》탕《タン》

真夏に食べる滋養と健康のスープ

ジリジリと焼かれるように暑い真夏。韓国人はサムゲタンの専門店に行列を作る。丸ごとのひな鶏を突き崩すと、中に詰められているのは高麗人参やナツメなどの韓方材と、鶏のダシをいっぱいに吸い込んだもち米。ぐつぐつのスープを一緒にすすりつつ、栄養満点の具材をたいらげてゆく。

　食べ終わる頃には全身汗だく。なのに外へ出ると妙に爽快なのが心地よい。韓国人いわく「以熱治熱《イヨルチヨル》（熱さを以《も》って熱を治める）」。体内に陽の気を取り込んで、外とのバランスをとるのだ。

　7～8月の間に三度、伏日《ポンナル》というサムゲタンを食べる日がある。それはさながら日本人にとってのウナギと同じ。わざわざ専門店に出向いて長時間並んででも食べる。韓国の夏を快適に過ごす健康法だ。

上／食前酒として高麗人参酒がつく。　右／スープは鶏足を二日かけて韓方材と煮込んだもの。具を詰めたひな鶏をこのスープで煮込む。

現地の人はこう食べる。

★夏バテ防止や疲れたときに滋養強壮を目的として食べる。

★ランチとして食べることが多い。

★食前には高麗人参酒を一杯飲む。

★スープは薄味なので卓上の塩で好みに調節をする。

★鶏肉は卓上に用意された塩をつけて食べてもよい。

★ナツメは毒素を吸うので食べるなどの意見もあるが、大半の店では具として普通に食べることを推奨している。

memo

伏日とは病気をもたらす鬼神が、強い陽気で地表近くに伏している日を表す。夏至を過ぎて3、4回目の庚《かのえ》の日と、立秋を過ぎて最初の庚の日を三伏《サムボク》（三度の伏日）と総称し、鬼神の陰気で病気にならないよう、栄養価の高い料理で体内の陽気を高め、病気を予防する。

参考価格：サムゲタン　W 13,000。MAP ▶ P.136 B 2

감《カム》자《ジャ》국《クッ》

巨大な肉のかたまりにかぶりつこう

地図を見ながら路地に入ると、看板を見る前から肉の香りが漂ってきた。朝4時から煮込むという豚の背骨は、スープにエキスを搾り出してなお、ほろほろの具として楽しめる。箸でこそげて、手づかみでむしゃぶりついて、骨と骨を外しながら、隙間の肉も余さず夢中で味わう。

ところでこの料理、直訳すると「ジャガイモのスープ」である。見た目では明らかに豚の背骨が主張しているが、料理名としては中に沈んだジャガイモが主役なのだ。だとすれば主役は後から悠々と登場するのが相場である。

まずは手始めに豚の背骨を楽しんだのち、おもむろにジャガイモへと箸を伸ばす流れが正しい。時間を置くことで煮汁を吸って、ほくほくじゅわっ。料理名の真実に心からうなずく瞬間である。

上／豚の背骨はまず2時間ほど下煮をしてくさみをとる。右／厨房で味つけをしてさらに数時間煮込む。味つけは塩と香味野菜で。

現地の人はこう食べる。

★夜は鍋料理として大勢でワイワイとつつくことが多い。朝食や昼食では一人前の定食も一般的。24時間営業の店も多く、二次会、三次会、あるいはハシゴ酒の終点になることも。

★鍋料理として食べる場合は、残った煮汁にラーメンを入れたり、ごはんを入れてポックムパプ（チャーハン）にもする。

memo

料理名はカムジャタンとも呼ばれ、カムジャがジャガイモ、タンの場合は鍋を意味する。異論もあって、カムジャの部分は豚の背骨とする説もある。その場合は主客転倒するが、煮汁を吸ったジャガイモがうまいことに変わりはないので異論は認めない（個人の意見です）。

参考価格：カムジャクッ　W 7,000。MAP ▶ P.138 I 18

북《プ》어《ゴ》국《クッ》

香ばしさ溢れる朝の定番スープ

早朝から営業するビジネス街のプゴクッ専門店。湯気の立ちのぼる店内には、一日の活力を求める客がひっきりなしに訪れる。たっぷりのスープとごはんの組み合わせは、韓国人がなにより好む朝ごはんだ。

厨房の寸胴鍋で煮込まれているのは、東海岸でとれたスケトウダラを乾燥させたもの。それを冷蔵庫で1年かけて熟成させる。単体でも香ばしい風味のスープに仕上がるが、専門店ではそこに牛骨スープを合わせて深みを出す。

味つけは塩と刻みニンニクを少々。豆腐と薄くふんわり溶いた卵、刻みネギを具に加える。

仕上がりの味は淡く、やさしく、身体にすうっとしみ込む感じ。昨日の疲れを引きずった朝にもありがたい。たっぷりの滋養をとり込んで、さて一日が始まる。

上／具として入る干しダラはやわらかく香ばしい。　右／厨房では３つの寸胴鍋を使い分けて、牛骨、干しダラの骨などからダシをとる。

現地の人はこう食べる。

★朝食の定番だがランチタイムも賑わう。軽めの夕食としても。

★二日酔いの朝にも最適。

★アミの塩辛とニラの和え物をスープに足して味をととのえる。ただし夏場のニラは食感が固いのでおすすめしないとのこと。

★刻みネギやゴマとあえたアミの塩辛はごはんにのせて、ふりかけのように味わう。

★目玉焼き（Ｗ５００）も追加で注文できる。

memo

韓国では酔いざましのスープを総称してヘジャンクッと呼ぶ。飲んだ後のシメにもするが、たいていは二日酔いの朝に飲む。大豆モヤシのスープやシジミのスープに加え、プゴクッも代表的なヘジャンクッの一つ。プゴクッをプゴヘジャンクッと呼ぶこともある。

参考価格：プゴヘジャンクッ　W 7,500。MAP ▶ P.136 C 3

순《スン》대《デ》국《クッ》

栄養たっぷりの腸詰めスープ

スンデは老若男女に愛されるコリアンソーセージ。屋台ではぶつ切りにしたものを粗塩につけて食べ、専門店ではスープにするほか、炒め物にしたりもする。具に血を加えて作ると聞けば驚くかもしれないが、鮮度さえよければクセもなく、むしろコクとなって深みが増す。スンデクッのベースとなる豚骨スープも右に同じ。いかにクセを取り除いてうまみを引き出すかが腕の見せどころ。繁盛店にはずれはない。

参考価格：チョントンスンデクッ　W 8,000。MAP ▶ P.136 A 1

上／味つけは薄味。あれこれ入れて好みの味に仕上げる楽しさがある。　右／具にはスンデだけでなくモリコギ（豚の頭肉）も入る。

現地の人はこう食べる。

★朝食、昼食、飲んだ後のシメとして幅広く食べられる。
★卓上のアミの塩辛、エゴマ粉、ニラなどを好みで加えて味をととのえる。
★塩、胡椒を加えてもよい。

만《マン》두《ドゥ》국《クッ》

お正月にも食べる餃子のスープ

参考価格：マンドゥクッ　W 8,000。MAP ▶ P.138 I 19

韓国のマンドゥ（餃子）は気前よく大きい。それはさながら女性のゲンコツぐらい。ひだのある半月型ではなく、半分にたたんだ状態から端同士をくっつけて馬蹄型に作る。具にはひき肉、野菜、そして水気を切った豆腐が定番。タンミョンと呼ばれる春雨が入ることもあってずいぶんとヘルシーだ。蒸しても食べるが、寒い季節にはスープが嬉しい。あっさりと淡泊な味わいが、澄んだ牛肉ダシとよく合う。

現地の人はこう食べる。

★日常の昼食として。

★北部地域を中心に旧正月の料理でもある。餅入りのトッマンドゥクッにすることも。

★同じく北部の料理である冷麺店で出されることが多く、冬に人気の料理として定番。

左／副菜のタッムチム。裂いた鶏を甘酸っぱいタレであえている。　上／副菜を盛り付けるコーナー。食事時は店員さんも大忙し。

몸《モム》국《クッ》

豚と海藻で作る済州島のスープ

ハレの日のごちそうは豚一頭。南部の済州島《チェジュド》ではその昔、家庭ごとに豚を飼い、各部位をさまざまなかたちで調理して食べてきた。

もっともポピュラーなのはトムベゴギと呼ばれる茹で豚。かたまりのまま煮込んだものを一口大に切り、まな板ごと提供するのが島の流儀だ。

近年は焼肉の人気も高く、皮つきのバラ肉やブロックの肩ロースを豪快に焼く。ほかにも豚足の煮込み、血を入れた腸詰めなど、ありとあらゆる部位が食卓に並ぶ。

豚骨スープに海藻のホンダワラを加えたモムクッも定番の一品。仕上げにそば粉を加えることで、とろとろとやさしい口当たりに仕上がる。濃厚でいてクセのない味わいは、まさしく豚の食べ方を知る島ならではの英知だ。

上／冷蔵庫に並ぶ済州島の漢拏山焼酎。島の料理との相性はぴったり。　右／ごはんに混ぜた黒米が食感のいいアクセントになる。

現地の人はこう食べる。

★済州島料理はソウルでも希少。南国の味を楽しみたいときに。

★ごはんと一緒に定食として食べるほか、単品で酒の肴にも。ごはんはスープに入れてもよい。

★モムクッはシメの一品としても活躍。お酒と一緒に楽しむのなら、まずは茹で豚を試したい。

★済州は地酒も充実。漢拏山《ハルラサン》焼酎、済州マッコリとともに、最近は地ビールの済州ウィットエールの人気が高まっている。

memo

済州島は島だけあって海産物豊富。豚骨と海藻の組み合わせは、どちらもそれが身近なことを証明している。豚肉の食べ方も独特であり、焼肉にせよ、茹で豚にせよ、イワシやタチウオの塩辛につけて食べる。少しクセはあるが、慣れるとこれがやみつきになるのだ。

参考価格：モムクッ　W 10,000／定食、W 20,000／酒肴（写真は定食）。MAP ▶ P.139 P 32

우《ウ》거《ゴ》지《ジ》얼《オル》큰《クン》탕《タン》

地域に根ざす2,000ウォンの至福

近所の公園はおじいちゃんたちの聖地。韓国式将棋のチャンギに熱を入れつつ、小腹が減ったら周辺の食堂へとくり出す。中でも安くて美味しいと人気なのがこのウゴジオルクンタンである。ピリ辛のスープには菜っ葉と豆腐が少々。ごはんをドサッと入れてかっこむか、あるいは正反対に焼酎やマッコリを頼んでゆるゆる楽しむか。そんななかにコソッと混ぜてもらい、雰囲気に溶け込むのが楽しいのだ。

参考価格：ウゴジオルクンタン　W 2,000。MAP ▶ P.137 E 10

現地の人はこう食べる。

★メニューは一つだけなので、人数を伝えれば自動的に料理が出てくる。
★早い時間の朝ごはんに便利。
★男性の一人客、二人客が大半。混雑時は相席になることも。

上／初めてだと入りにくいが、入ってしまうと妙に落ち着く。　右／店頭の大釜ではスープが煮込まれている。注文するとすぐ料理が出てくる。

ちょこっと休憩

キムチ図鑑

韓国人にとって毎日の食卓に欠かせないのがキムチ。白菜だけでなく、大根、キュウリ、葉ネギ、カラシナなどさまざまな種類がある。季節や地域によっても違ったキムチを漬けるし、飲食店では料理との相性がよいキムチを出したりもする。この店はどんなキムチが出てくるのかな、と注目してみるのも楽しい。

スープ料理店

スープ料理の専門店では卓上に器をドンと置いて、好みのぶんだけ自分で切って食べる店も多い。

MAP ▶ P.138 I 20

定食店

パンチャンと呼ばれる小皿の副菜としてキムチも定番。足りなければおかわりも可能。

MAP ▶ P.139 N 27

外国料理店

中華料理店や日本料理店でもキムチは必須。タンムジと呼ばれるたくあんが一緒につく。

MAP ▶ P.138 M 25

肉料理店

脂っこい料理には水キムチ。汁気を多めに作ったもので、野菜よりも汁を飲んで口直しにする。

MAP ▶ P.140 T 38

冷麺店

薄味の大根キムチが定番。冷麺の具としても使うほか、汁をスープのベースにしたりもする。

MAP ▶ P.138 I 19

ごはんと定食

韓国のごはんといえばビビンバ……だけにあらず。本場のビビンバはもちろん、日本では見慣れないごはんもたくさんある。いろいろな具をのせたり、スープをかけたり、進化したのり巻きに挑戦したり。なじみ深いごはんを、韓国ならではの料理で楽しもう。

해《ヘ》주《ジュ》비《ピ》빔《ビム》밥《パプ》

遠く分断された故郷の混ぜごはん

ピビムパプ（ビビンバ）は色とりどりの具をのせた混ぜごはん。具材は地方によって異なり、大豆モヤシやセリ、クチナシで染めた緑豆寒天（ファンポムク）などをのせるのが全州《チョンジュ》式。新鮮な牛赤身肉をユッケ（牛刺身）にしてのせるのが晋州《チンジュ》式。

現在はこの二地域を本場とすることが多いが、かつてはこれに海州《ヘジュ》式を加えて「朝鮮三大ピビムパプ」と呼んだ。

残り一つの海州は現在の北朝鮮にある。海州郊外の首陽山《スヤン》でとれるワラビと、西海岸の名産である海苔をたっぷりのせるのが特徴で、コチュジャンは使わずゴマ油と酢醤油をかけて味わう。そこへ裂いた鶏肉のうまみと野菜の甘味が重なる。

そのうえで一番の調味料は望郷の思い。分断された故郷の味を求めて、北部出身者が店に集う。

上／卓上に置かれたゴマ油と醤油。　右／老舗の冷麺店などでも同様だが、北部料理の専門店には北部出身の年配層の常連が多い。

memo

海州は現在の北朝鮮に位置する西海岸に面した港町。黄海南道《ファンヘナムド》の道庁所在地である。古くから延白《ヨンベク》平野、載寧《チェリョン》平野などでの稲作が盛んで、北部を代表する米の産地として知られる。地域の特産品を利用したヘジュピビムパプはまさしく海州の郷土料理である。

現地の人はこう食べる。

★南北の平和を願いつつ北部地域の食文化に関心を寄せたいときに食べに行く。

★朝鮮戦争で南に避難してきた北部出身者が故郷を懐かしんで食べに来ることが多い。

★ランチタイムであれば単品で。ディナータイムなら鍋料理などを食べてから最後のシメに。

★北部の料理は全体に薄味をよしとするので、ゴマ油と酢醤油のかけすぎには注意。

参考価格：ヘジュピビムパプ　W 9,000。MAP ▶ P.137 E 8

된《テン》장《ジャン》비《ピ》빔《ビム》밥《パプ》

ごはんにかけるための味噌汁

ごはんに味噌汁をかけた猫まんま。日本ではお行儀が悪いとされるが、韓国ではそれが立派な一品料理になっている。テンジャンピビムパプとは味噌ビビンバのこと。少し濃いめに作った味噌チゲを麦飯にぶっかけて混ぜて味わう。具には豆腐がたっぷり。刻んだ青唐辛子がぴりりと効く。味噌とごはんの組み合わせはやっぱり最高。大盛りだったはずのごはんが、あれよあれよという間に消えていく。

参考価格：テンジャンピビムパプ　W 8,000。MAP ▶ P.137 E 11

現地の人はこう食べる。

★テンジャンピビムパプはランチタイムに人気。夜は酒の肴が多数。

★味噌チゲとともに大根の葉のキムチ、チコリ、ニラをごはんにのせ、ゴマ油をかけ回して混ぜて食べる。

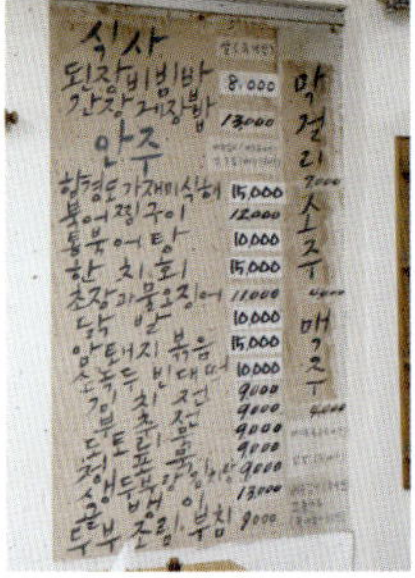

上／「プゴチムグイ（干しダラの薬味ダレ焼き）もおいしいよ」と教えてくれたのは、隣の常連さん。右／毛筆で書かれた、雰囲気のあるメニュー。

육《ユッ》회《ケ》비《ピ》빔《ビム》밥《パプ》

鮮度抜群の牛肉をごはんと混ぜて

参考価格：ユッケピビムパプ　W 12,000。MAP ▶ P.140 U 39

ソウル中心部の南山《ナムサン》は、市内を一望できる人気スポット。ケーブルカーに乗ってもいいが、歩けばちょっとした運動にもなる。そんな南山へと向かう道の途中にあるピビムパプの専門店。シンプルなピビムパプに、ユッケをのせるとぐっと豪華になった。ユッケのうまさは鮮度に裏打ちされたつややかさ。生肉を噛む食感は何にも代えがたい快感である。日本では気軽に食べられないだけに、韓国がうらやましいと、いつも思う。

現地の人はこう食べる。

★卓上のコチュジャンを好みで加え、全体がオレンジ色になるまで丹念に混ぜる。

★生肉でないほうがよければ炒めたプルコギピビムパプを選択。

左／ナツメ茶。伝統茶が豊富なので食後にはぜひ頼みたい。　上／ごはんと具は別で出てくるので、自分で盛って混ぜ合わせる。

곤《コン》드《ドゥ》레《レ》밥《バプ》

香りを楽しむ炊き込みごはん

蓋を開ける瞬間がいきなりのハイライト。湯気とともに放たれる、青々とした香りがなんともたまらない。

コンドゥレとはアザミの葉のことで、もともとは東北部の江《カン》原《ウォン》道《ド》でよく食べられていたもの。石釜で炊いたごはんは清涼感にあふれ、ほどよい素朴さが郷愁を誘う。数品の副菜を用意すれば、それだけで大満足の定食になる。忙しいソウルにおいてほっこり安らぐ料理として近年人気が高い。

参考価格：コンドゥレナムルバプ　W 14,000。MAP ▶ P.140 R 34

上／海苔には青海苔が少し混ざって香りがいい。　右／高級店の集まる狎鴎亭洞において日常の気軽な食事ができる店として人気。

現地の人はこう食べる。

★健康によいものを食べたいときに。普段使いの昼食、あるいは夕食としての利用も多い。

★薬味醤油を少量かけて食べる。焼き海苔に包んで食べても美味しい。

프《プ》리《リ》미《ミ》엄《オム》김《キム》밥《パプ》

新時代をいく健康志向の海苔巻き

参考価格：メコムキョングァリュ　リキムパプ　W 4,000。MAP ▶ P.140 R 36

韓国でおなじみの海苔巻きが進化中。健康志向のトレンドに乗って炭水化物は少なめ。かわりに具をたくさん入れて、栄養価を高める。斬新な具の選択肢も組み込みながら、プレミアムな海苔巻きの専門店が街中に増えている。

たとえば、ジャコとナッツを入れた海苔巻きはカリカリと軽快な食感。辛い味付けの豚肉とチーズを組み合わせれば韓国人好みの濃厚さ。具材同士の相乗効果で意外な味に出合える。

現地の人はこう食べる。

★朝食、昼食用のテイクアウト利用が多い。

★二階のイートインスペースでさっと食べていくファストフード的な利用も一般的。

★二階にはセルフサービスでキムチ、たくあん、スープの用意がある。

左／イートインもあるがテイクアウト客がほとんど。上／狎鴎亭洞に本店をもつ「リキムパプ」はプレミアムブームの火つけ役。

청《チョン》국《グッ》장《チャン》

激臭注意……でも慣れるとクセに

参考価格：チョングッチャン　W 7,000（夏は野外席のみ）。

MAP ▶ P.139 N 27

厨房から料理が出てくると店内が騒然。「なにこの臭い!?」と驚く日本人客に、店主が「ナットー、ナットー」と応じる。チョングッチャンは韓国版の納豆汁。ぐつぐつ煮立てることで、けっこうな香り（臭気？）を発するが、落ち着いて食べれば日本でも馴染みのもの。大豆の風味が活きていて、滋味豊かな味がクセになる。糸をひいて粘ることはないが、ごはんと一緒に食べておいしいのは同じだ。

現地の人はこう食べる。

★最近は韓国でも臭いの強いチョングッチャンは敬遠される傾向にある。好きな人は昔ながらの香りを求める。
★健康食品としての評価が高く、ヘルシーな定食として食べる人も多い。

上／明洞の路地裏にあって早朝から開いているため、外国人観光客も多い。　右／鍋料理は強火でぐつぐつと煮立てて作るのが基本。

김《キム》치《チ》말《マ》이《リ》밥《バプ》

ひやひやっと味わう汁かけごはん

キリッと冷たいスープは喉ごし爽やか。沈んでいたごはんをすくって食べると、酸味とともに甘味が強調されて口の中に広がった。ベースとなっているのはキムチの汁。北部地域の郷土料理であり、塩辛さを控えめにしつつ、牛ダシでうまみを底上げしたあっさりキムチが味の決め手である。具はざくざくに切ったキムチとキュウリのみ。シンプルな中にすりゴマとゴマ油の香ばしさがきいていた。

参考価格：キムチマリバプ　W 9,000。MAP ▶ P.136 C 4

左／冷やごはんを使うのが鉄則。氷も入れて、冷たさを最後まで楽しむ。上／路地の奥まったところにあって見つけにくいので注意。

現地の人はこう食べる。

★もともとは冬にオンドル（床暖房）の効いた室内で夜食として作った家庭料理。現在は夏の涼味として楽しむ人が多い。

★ごはんのかわりに麺を入れたキムチマリグクスの人気も高い。

장《チャン》터《ト》국《クッ》밥《パプ》

昔ながらの市場式スープごはん

参考価格：シゴルチャントクッパプ　W 8,000。MAP ▶ P.137 E 12

店に入るとすぐ土間があり、ぐつぐつと大釜が煮立っている。それを囲むように部屋が続いているのは、まさしく伝統的な建物の姿だ。さながら時代劇の世界に入り込んだような空間に、自らを登場人物として溶け込ませながらの食事。たっぷりの熱い汁とごはんの組み合わせは風情の極致である。

プリッとしたソンジ（血のにこごり）としっとりやわらかな牛肉、とろとろの長ネギ、大根、すべてが完璧に調和する。

現地の人はこう食べる。

★チャントは市場、クッパプはスープごはん。ごはんをスープの中に入れて短時間で一気に食べる市場メシ。

★昼は定食として。夜はごはん抜きで注文して酒の肴としても味わう。

上／100年前に建てられた古家屋を店舗としている。右／スープを煮込む大釜。牛骨を早朝４時からじっくり煮出してダシをとる。

장《チャン》국《クッ》밥《パプ》

朝鮮三大料理に数えられるスープ

参考価格：チャンクッパプ　W 9,000。MAP ▶ P.137 E 8

高麗王朝の都として栄えた開城《ケソン》（現在は北朝鮮に位置）では宮中料理や伝統菓子など雅な食文化が発達した。その中の一つが牛肉スープにごはんを入れたチャンクッパプである。濃厚な牛肉ダシを少量の醤油でととのえた上品な味わいが特徴。20世紀初めに新聞記者、歴史家として活躍した文一平《ムンイルピョン》は、平壌《ピョンヤン》冷麺、全州《チョンジュ》ビビンバ、開城湯飯《タンバン》（チャンクッパプ）を朝鮮三大料理と評した。いつか本場で食べられる日は来るのだろうか。

現地の人はこう食べる。

★胃にやさしいあっさりとしたスープごはんを食べたいときに。

★平壌冷麺、全州ビビンバは韓国でも比較的専門店が多い。チャンクッパプは珍しいので、朝鮮三大料理を制覇したいときはこの店に。

左／平壌冷麺も同じ店で味わうことができる。　上／店の看板には「北韓伝統飲食店」の文字。北韓とは韓国での北朝鮮の呼び名。

간《カン》장《ジャン》게《ケ》장《ジャン》

とろっとろに甘く濃厚なワタリガニ

ニンニク、ショウガ、韓方材などと煮込んで冷ました薬味醤油に生のワタリガニを漬け込むと、その身はいっそう官能的に甘くなる。足の部分を手でつかみ、身を軽く噛んで吸うのが正しい食べ方。とろとろの身がちゅるんと流れ出て、口の中をくすぐるようなおいしさが広がる。

甲羅の中にはオレンジ色の内子が入っている。これがないと楽しみは激減するので、専門店では春にとれたメスしか使わない。これをカニミソと絡めながら、スプーンですくいとって味わうのが次の至福。濃厚さに身悶えする。

そしてごはん。カンジャンケジャンの別名は「ごはん泥棒」である。甲羅にごはんを入れて混ぜ混ぜすれば、うまさの感動も頂点に。甲羅の奥まで余すところなく、こそげとるように味わうべし。

上／ごはんと混ざったところを海苔やカジメで包んで食べるとさらに香りがよい。　右／ごはんを入れてスプーンでよくかき混ぜる。

現地の人はこう食べる。

★ちょっと贅沢な食事として、ファミリーで食べに行くことも。

★甲羅の中で混ぜたごはんは、海苔、またはカジメ（海藻の一種）に包んで食べても美味。

★上品に食べようと思わず、手、口元をベタベタにする覚悟で。

★下手な店に行くと生ぐさいので、きちんと店は見極めるべし。できれば西海岸の産地（仁川《インチョン》、瑞《ソ》山《サン》、群山《クンサン》など）にも足を伸ばして。

memo

カンジャンケジャンは3〜5月にとれたメスのワタリガニだけを使う。専門店ではこの時期に1年分を仕入れて、業務用の大型冷凍庫で急速冷凍する。素材としての旬は春だが、鮮度を保った状態で保管するため、専門店では通年で味わうことができる。

参考価格：ケジャンジョンシク　W 32,000／一人前（注文は二人前から）。MAP ▶ P.136 D 6

ちょこっと休憩

韓国の朝ごはん

朝から営業している飲食店もあるが、韓国における朝ごはんは基本的に家庭でとる人がほとんど。かつてはたっぷりのスープにごはんが定番だったが、パン食も定着して久しく、また都市部においては朝食抜きの慌ただしい日常も少なくない。コンビニのおにぎりやサンドイッチを買い求める人も多く、そのへんは日本と変わらない。

観光客の場合は食事つきのホテルもあるが、朝食にこそ魅力を発揮する料理も少なくないので、どうせならそちらを目当てに街にくり出したい。定番はキムチチゲやテンジャンチゲ（味噌チゲ）といった定食類に、プゴクッ（↓P24）、ミヨックッ（↓P119）といった、じんわり温かさのしみるスープ。汁ものにはごはんを入れて食べるのが作法なので、胃にやさしく、さらさらと食べられる手軽さがある。また、こうしたスープはヘジャンクッ（酔いざましのスープ）とも呼ばれ、

定食店

オフィス街やバスターミナルの近辺では、早朝から営業する定食店が多い。ごはんにチゲなどの汁ものを添えた伝統スタイルの朝食を楽しめる。写真のスンドゥブチゲは、ふるふるとやわらかな豆腐を煮込んだピリ辛の鍋料理。

参考価格：スンドゥブ　W 7,000。

MAP ▶ P.139 N 27

深酒をした翌朝の特効薬とされる。眉間にしわを寄せた会社員に混ざりつつ、一日の活力を求めるのも悪くない体験だ。
軽めにさっと食べるなら、韓国式トースト（韓国語ではトストゥと発音）もぜひ食べたい朝食メニュー。トーストといいつつ、実際はホットサンドのことで、ハム、チーズ、卵焼き、刻み野菜などが入った豪華版だ。もともとは屋台で販売したが、最近はテイクアウトの専門店が増えている。

ゲストハウス

ソウル駅から近い厚岩洞《フアムドン》のゲストハウス「剛の家」は朝食つき。早朝からお母さんが腕をふるい、ごはんと汁もの、副菜４品という模範的な伝統スタイルの食事を作る。韓国の家ごはんを体験してみたい人におすすめ。

参考価格：朝食　¥5,000（宿泊込※支払いは円）。

MAP ▶ P.140 V 40

トースト専門店

繁華街には韓国式トーストの専門店が多い。中に入れる具材の選択肢も豊富なうえに、コーヒーなどのドリンク類も揃っている。イートインの座席はないので、近隣のベンチなどで食べたり、あるいはホテルに持ち帰るという選択肢も。

参考価格：ベーコンベスト　W 3,000。

MAP ▶ P.139 N 29

麺もの

見た目はシンプルだが、麺もスープもこだわりの逸品ばかり。その一杯にアツい想いが込められている。あっさりからこってりまで、お好みでいろいろな味を楽しもう。でも、なかには激辛のものもあるので、苦手な人はご注意を。

평《ピョン》양《ヤン》냉《ネン》면《ミョン》

そば粉の香りを楽しむ粋な喉ごし

冷麺は専門店で食べるに限る。味の面でも上を行くし、なにより同好の麺好きが集う雰囲気がいい。ソウルには老舗の冷麺店があちこちに点在し、それぞれに一家言をもつファンがついている。

韓国の冷麺は大きくピョンヤンネンミョン（平壌冷麺）とハムンネンミョン（咸興冷麺）に分かれ、前者はそば粉主体の麺、後者はサツマイモのデンプン麺という違いがある。ピョンヤンネンミョンのファンは、どこか日本のそばっ食いにも似て、そば粉の風味や喉ごしにこだわる人が多い。

よく冷えた牛ダシのスープは一切の脂気なく澄みわたり、うまみのエキスだけを搾ったかのように潔い。麺のコシはあくまでも強すぎず、ぷつんと切れて香りが広がる。ソウルの粋がここにある。

上／老舗店では昼時に連日行列ができる。　右／生地を穴から押し出して麺を作る。製麺機の下には大釜があり、すぐさま茹でて水で締める。

現地の人はこう食べる。

★主に昼食として。人気店であれば昼過ぎの時間帯まで行列ができる。土日は家族連れも多い。

★韓国には「先酒後麺《ソンジュフミョン》」という言葉があり、冷麺を食べるときはまず飲むという人も。ノクトゥジョン（緑豆チヂミ）やスユク（茹で肉）を肴にまず一杯飲むのもアリ。

★ヤカンに入っているのは牛ダシのスープ。お茶がわりに飲む。

★好みで卓上の酢やカラシを加えて食べてもよい。

memo

冷麺はもともと北部地域の郷土料理で、現在は北朝鮮に位置する平壌、咸興が本場とされる。ソウルには朝鮮戦争時に北から避難してきた人たちが始めた老舗冷麺店が多い。サイドメニューのノクトゥジョンなども象徴的な北部の料理だ。

参考価格：ムルネンミョン　W 11,000。MAP ▶ P.136 D 7

함《ハ》흥《ムン》냉《ネン》면《ミョン》

デンプン麺の噛みごたえと戦う

ソウルの五壮洞《オジャンドン》にはハムンネンミョン（咸興冷麺）の専門店が集まる。

朝鮮半島の北東部（現在の北朝鮮）に位置する咸興《ハムン》は、東海岸に面する港町。ジャガイモが名産であり、デンプンを使った麺料理が発達した。

現在の韓国ではそれをサツマイモで代用し、そのデンプンだけで麺を作る。できあがるのは極細ながらも容易に噛み切れない強靭なコシの麺。まるで麺と格闘するかのように、ギュムッギュムッと噛み締めるのが醍醐味である。

港町の料理だけに、刺身を具とするのも定番。カレイやスケトウダラ、エイなどを辛味ダレと絡め、シコシコとした食感を麺と楽しむ。麺も具も噛みごたえが重要なので、箸休めならぬ、顎休めとして嬉しいのがゆで卵。辛さをなだめる舌休めにもなる。

上／卓上の調味料を加えてよく混ぜて味わう。　右／箸を両手に持って薬味ダレを麺に絡める。麺が伸びる前に素早く行うのがコツ。

現地の人はこう食べる。

★ハムンネンミョンは噛みごたえ重視。ハサミで麺を切ると食べやすいが、通は切らずに楽しむ。

★卓上の調味料で好みにととのえる。ピビムネンミョン（混ぜ冷麺）の場合、店のおすすめは、カラシ、酢、ゴマ油少々、砂糖2さじ、唐辛子ペースト1さじを全部入れてよく混ぜる。

★ピビムネンミョンを途中まで食べたら、お茶がわりに出るヤカンの牛ダシを注いで食べてもよい。

memo

平壌《ピョンヤン》式と咸興式の違いは麺の素材にあるが、現在の韓国では平壌式が汁あり、咸興式が汁なしとも理解される。どちらの専門店も両方を扱うが、咸興式の専門店では汁なしを得意とすることが多い。辛味ダレを麺にかけてよく混ぜて味わう。

参考価格：フェ　ピビムネンミョン　W 10,000。MAP ▶ P.138 L 23

콩《コン》국《グク》수《ス》

大豆の香ばしさに浸る涼味

参考価格：コングクス　W 11,000（3～11月限定）。MAP ▶ P.137 F 14

真っ白なスープは大豆を茹でてミキサーにかけたもの。もたっと麺に絡んで香ばしい風味を楽しませてくれる、冷麺と並ぶ夏の涼味だ。気温の上昇とともに、街のいたるところで「コングクス開始」の貼り紙が出る。見かけると嬉しくなってつい頼んでしまうあたり、日本の冷やし中華にも似ている。ひやっとしてつるんと喉ごしがよく、栄養たっぷりで食欲が落ちる時期にもありがたい麺料理だ。

上／江原道で契約栽培するブランド大豆を使用。　右／麺は小麦粉とデンプンで作る。家庭では素麺を固めに茹でて使うことも。

現地の人はこう食べる。

★暑い日の昼食として。専門店の前には近隣の会社員が大行列を作る。

★まずはそのまま食べて大豆の風味を楽しむ。好みでほどよく塩を足して。

★地域によっては砂糖を入れるところも。

고《コ》기《ギ》국《グク》수《ス》

済州島式のとんこつラーメン

参考価格：チェジュコギグクス　W 9,000。MAP ▶ P.139 P 32

豚のげんこつ（大腿骨）を煮込んでダシをとり、中太の小麦麺を入れて茹で豚をのせる。麺こそ食感がやわめだが、この組み合わせはどう見てもとんこつラーメンだ。

済州島《チェジュド》では至るところにある超メジャー料理で、人気店の場合は開店前から行列ができることも珍しくなく、みながみなお気に入りの店をもっている。「あの店がうまい」「いやあっちがうまい」と言い争う地元民の姿もどこかラーメン的である。

現地の人はこう食べる。

★済州島では有名店に行列ができるほどの人気料理。ソウルでは済州島料理の専門店でしか食べられない。

★食事メニューでもあるが、飲んだ後のシメに食べるのがまた格別。

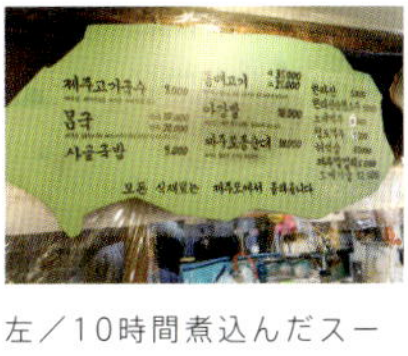

左／10時間煮込んだスープは濃厚ながらも脂を丁寧に除いているのでさらり。上／店のメニューは済州島の形を模している。

막《マッ》국《クク》수《ス》

鶏焼肉の有終を飾る冷やしそば

鍋料理であればうどんやラーメンを投入。焼肉であれば冷麺を注文。韓国でも最後に麺を追加して仕上げとすることは多く、この料理にはこれという決まった組み合わせもある。タッカルビ（P77）の場合は同じ江原道《カンウォンド》の料理であるマッククスが定番。すっきりとしたスープの冷やしそばで、酸味と辛味がアクセントとなる。これが鶏の脂を爽快に洗い流して、食後の満足感がいっそう増すのだ。

参考価格：マッククス　W 8,000。MAP ▶ P.140 T 38

現地の人はこう食べる。

★タッカルビやチョッパル（豚足）を食べるときのシメとして。東北部の江原道を中心にそば自慢の地域では一品料理としても人気。

★シェアして食べる汁なしの大皿マッククスもある。

上／一人前の春川マッククスと大皿のチェンバンマッククスがある。　右／タッカルビが残っていたら麺に絡めて食べてもおいしい。

초《チョ》계《ゲ》탕《タン》

この冷麺を知っていたらスゴイ？

参考価格：チョゲタン　W13,000／一人前（注文は二人前から）。

MAP ▶ P.138 I 19

一昔前までは韓国人でも知らなかったマイナーメニュー。もともとは北朝鮮の平壌《ピョンヤン》あたりで食べられていた郷土料理で、裂いた鶏肉を冷たいスープで味わう。

漢字では醋鶏湯と書き、醋はお酢のこと。夏場においしい鶏の冷製スープだが、麺を入れることも多く、近年は鶏冷麺として定着している。すっきりとした酸味が鶏肉の淡泊さを引き立てる、暑い日にこそ食べたい一品である。

現地の人はこう食べる。

★「チョゲタン？　何それ？」という人がまだ少なくないので、特別な料理を食べようと誘うようなときに。

★酸味が決め手なので、卓上の酢とカラシをさらに入れて味わう。

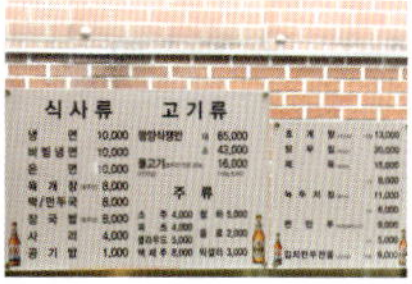

左／底に鶏肉が沈んでいるので全体を混ぜて食べる。
上／メニューは一人前の値段だが注文は二人前から。シェアをして食べよう。

간《カン》짜《チャ》장《ジャン》

もう一歩踏み込んで楽しむ国民食

韓国人の国民食と呼ばれるチャジャンミョン（ジャージャー麺）。

老若男女に愛されるこの料理から、片栗粉のとろみを除いたのがカンチャジャンである。黒味噌のうまさがより際立つとして、こちらを好む韓国人は多い。あるいはチャジャンミョンの黒味噌は作り置きが多いけど、カンチャジャンは注文ごとに作るから、との意見もあったりする。

カンチャジャンのほうが値段は高いのだが、それを補うかのように目玉焼きをのせる店がある。これがまた嬉しい。どこかオムそばのようなこってり感となって、一度食べるともう目玉焼きがないと圧倒的に物足りない。釜山《プサン》を中心とした南部には多いが、ソウルでは希少。目玉焼きがあるかどうかで、店を選ぶマニアも少なくないのだ（私です）。

上／目玉焼きを突き崩しながら全体をよく混ぜて食べる。右／クンマンドゥ（焼きギョウザ）は揚げるように焼くのが韓国式。

現地の人はこう食べる。

★国民食というぐらいなので日々食べる。出前の代名詞でもあり、そのへんの公園にも配達可。

★かつては外食といえばチャジャンミョン。卒業式などハレの日のご馳走と決まっていた。

★麺を黒味噌に絡めてよくかき混ぜて食べる。お行儀は悪いが両手に箸を一本ずつ持ち、下からすくいあげて混ぜることが多い。

★どんなに気をつけても服に黒いシミがつくのは仕方がない。

memo

中国の山東省から19世紀後半に仁川《インチョン》へと伝わって定着。チャンポン（P64）と並んで韓国における中華料理の代表的なメニューとして人気が高い。大勢で行くときは一緒にマンドゥ（餃子）やタンスユク（酢豚）を頼んで、シェアしながら食べるのも定番。

参考価格：カンチャジャン　W 8,000。MAP ▶ P.138 M 25

짬《チャン》뽕《ポン》

火の味をまとう灼熱の辛口スープ

参考価格：マヤクチャンポン　W 8,000。MAP ▶ P.138 M 25

名前はチャンポンであっても長崎のそれを想像するとだいぶ違う。出てくるのは激辛の海鮮麺。真っ赤な色合いこそが韓国式チャンポンの持ち味だ。辛さが魅力の料理だが、近年注目を集めるのが「プルマッ」と呼ばれる味。直訳すると「火の味」となり、強火で炒めたときの香ばしさを指す。スープをひとすすりして感心したように、「プルマッ ナネ（火の味が出てるね）」と言えれば、あなたは韓国人。

現地の人はこう食べる。

★チャジャンミョン（P62）とともに中華料理の定番。
★辛さを欲するときに。あるいは二日酔いの特効薬としても活躍する。
★地方都市に名物チャンポンあり。

上／世界五大チャンポンの一つと評価される店。
右／麺のかわりにごはんを入れたチャンポンパプというメニューもある。

들《トゥル》깨《ケ》수《ス》제《ジェ》비《ビ》

エゴマが大好きになるすいとん

後味としてうまみが長く残るもったりスープ。「煮干しですか？」と尋ねると、煮干しに加え、エビ、干しダラ、昆布、キノコ、野菜も入るとのこと。

幾重にも重なるうまみの要素。それらを香りの面から束ねるのがたっぷりのエゴマ粉だ。韓国ではエゴマ油、エゴマの葉も含め、なくてはならない食材。ゴマともまた違う香ばしさに陶然としつつ、中から出てくるとろとろのすいとんに心奪われる。

参考価格：トゥルケスジェビ　W10,000。MAP▶P.140 R 34

現地の人はこう食べる。

★つるんと滑らかなスジェビ（すいとん）は昼食メニューとして人気。

★エゴマ粉をたっぷり入れたスープは時間が経つと固まるので、アツアツでもおいしいうちに食べよう。

左／地下の店内は意外に広く、座敷席、テーブル席、半個室などいろいろ。
上／ほっこり落ち着く伝統料理がメニューに並ぶ。

두《トゥ》레《レ》국《グク》수《ス》

牛肉鍋から生まれたオリジナル麺

料理名のトゥレグクスは店名でもあるオリジナル料理。別メニューのソゴギヤチェジョンゴル（牛肉と野菜の鍋）に麺を入れると相性がよいことから、単品の麺料理として独立させて大ヒットした。

野菜中心の甘みのあるスープに、自家製麺、牛肉、キクラゲ、春菊、長ネギが入る。これを求めて昼時は近隣の会社員で大混雑。品切れ御免の人気料理なので早めの時間を目指したい。

参考価格：トゥレグクス　W 8,000。MAP ▶ P.140 R 35

上／もとの料理名はチョンゴルグクス（鍋麺）だったとか。　右／青唐辛子を入れることで甘みのあるスープがキリッと引き締まる。

現地の人はこう食べる。

★この麺を食べたくてこの店に来る。

★品切れを避けるならば14時前までの注文が望ましい。

★醤油に浸け込んだ青唐辛子を薬味として入れてもよい。

ちょこっと休憩

屋台オヤツ

道端に出ている屋台であれこれ買い食いするのもソウルの楽しさ。明洞《ミョンドン》、弘大《ホンデ》、梨大《イデ》あたりに新作屋台料理が多く、東大《トンデ》門《ムン》、南大門《ナムデムン》、仁寺洞《インサドン》には定番が揃う。最先端の流行アイテムから定番の屋台フードまで幅広く楽しめるのは明洞。人気エリアだけに一瞬で消えてなくなるものも多いので、気になったものには迷わず手を出そう。

계란빵

ケランパン

目玉焼きを入れた今川焼き。ほんのり甘い生地とほんのり塩味の卵がベストマッチ。

장미아이스크림

チャンミアイスクリーム

バラの花を模したアイスクリーム。フレーバーごとの色を選んでカスタマイズできる。

MAP ▶ P.139 N 30

오레오츄러스

オレオチュロス

オレオ®を模したチョコレートクッキー風味のチュロスにクリームをとろりとかけて。

고로케

コロッケ

韓国式のコロッケは具を詰めた揚げパン。ジャガイモ、あんこ、クリームチーズなども。

MAP ▶ P.139 N 26

생과일쥬스

センクァイルジュース

注文ごとに果物を搾ってくれる生フルーツジュース。最近は大容量サイズが人気。

MAP ▶ P.139 N 28

Milky Bee &
Premium Milk Ice Cream
GELA ROSA
3,800원!! Premium Gelato
보드카페
헌혈의집
FOLDER
SHOES LIFESTYLE STORE

이남장
설농탕
수육
내장탕
2267-4081 본점
신우기획

준오헤어
JUNO HAIR
4F
MIXXO

7025
은평 차고지
안국동
동대문
저희는 신호위반을 절대하지 않습니다.
CNG
천연가스버스
서울74
사6149
삼성통닭구이
세브란스의원

Jacky's
Seafood
8
T) 245.2594 M) 010.7512.6971

LOVE

焼きもの

おなじみの韓国焼肉から鉄板焼き、焼き魚定食まで、一口に「焼く」といってもバリエーション豊か。でも、立ちのぼる食材の香りが、問答無用で食欲をそそるのはどれも同じ。がつんと食べれば、エネルギーが全身にチャージされる。

꽃《コッ》등《トゥン》심《シム》

精肉店で食べる焼肉がすばらしい

精肉店を営んで22年。その知識をふまえて焼肉店を開いたオーナーが、入口すぐの作業場で巨大な肉塊をさばく。丁寧だが迷いのない包丁さばきから長年のキャリアがにじみ出ている。

韓国では2000年代の後半から精肉店を兼ねた焼肉店が流行。持ち前の目利きで一頭買いするので、上等な韓牛《ハヌ》をリーズナブルに提供できる。

丸ごと一頭買いなので垂涎《すいぜん》の希少部位を幅広く揃えているのも特徴。脂の乗ったサルチサル（ザブトン）や、コットゥンシム（霜降りロース）を筆頭に、プチェサル（ミスジ）、アンチャンサル（ハラミ）、トシサル（サガリ）など。魅力はそれぞれだが共通点がある。それはジュワッと弾ける脂の中に残る、赤身の噛みごたえとうまみ。韓牛いちばんの持ち味だ。

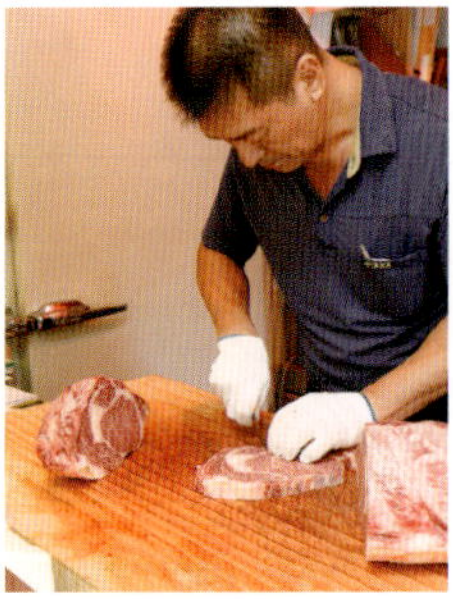

左／肉を切る姿勢がピシッと決まっているイム・ジェソン社長。　右／上等な牛肉を焼くなら炭火が鉄則。香りでよりおいしくなる。

現地の人はこう食べる。

★接待なら高級店。自分がおいしい牛肉を食べたいときは精肉店兼焼肉店がリーズナブル。

★韓牛にも等級がある。一等級に＋が二つついた、通称「トゥプル（ツープラス）」が最高級。

★アメリカ産のほか近年は豪州産の和牛も流通。そのなかでも韓牛にこだわる人は多い。

★高級肉は炭火で焼いて塩で味わうのが定番。葉野菜に包んで食べるのもいいが、まずは塩で。

memo

最近の焼肉店では希少部位の人気が高まり、以前のようにカルビ偏重ではなくなった。ジューシーなサルチサルと、ステーキのように分厚く切ったコットゥンシムは人気の双璧。まずはこれらを食べた後、胃袋の余裕と相談しながらほかの部位を攻めていくのがよい。

参考価格：サルチサル　W 33,000／一人前 150 g、コットゥンシム　W 30,000／一人前 150 g（注文は二人前から）。

MAP ▶ P.140 S 37

소《ソ》금《グム》구《グ》이《イ》

学生街で満喫する豚焼肉の美学

気の置けない友人とワイワイやるなら豚焼肉。日本でも有名になったサムギョプサル（豚バラ肉）が定番だが、肩ロースを分厚く切ったソグムグイ（モクサルとも呼ぶ）や、シコシコとした食感のカルメギサル（豚ハラミ）を評価する声も高い。どれを食べてもリーズナブルでボリュームがあるのは同じ。冷えた焼酎がクイクイ進むのも同じである。

こういったシチュエーションがよく似合うのはなにより学生街。ソウルには新村《シンチョン》、弘大《ホンデ》、建大《コンデ》といった魅力的な学生街が多く、その界隈には煙をもくもくと吐き出すような豚焼肉店がたくさんある。

活気と喧噪をぶちまけたようなエネルギッシュな空間で、負けじと大声張り上げて語らいつつ、がっつり頬張る豚肉はなにによりうまい。

左／下焼きをした豚肉を熱した石の上で焼くスタイル。食べやすい大きさにカットしてくれる。　右／ゴマ油と塩を混ぜたタレのキルムジャン。

現地の人はこう食べる。

★友人との飲み会や、気どらない雰囲気の会食として。

★豚焼肉に合うのは焼酎。よく冷えたストレートを小さなグラスでクイクイあおるのが韓国式。

★焼けた肉はゴマ油と塩を混ぜたタレにつけて食べる。あるいはサンチュ、エゴマの葉に包んで、サムジャンという味噌をのせて。好みでスライスニンニクや刻んだ青唐辛子を加えてもよい。

★泥酔注意。もしくは覚悟。

memo

韓国の焼肉店は牛専門と豚専門で大きく分かれる。両方提供する店もあるが、看板メニューはどちらか一つ。店の得意なメニューを選んで注文したい。焼肉の場合、初回注文は人数分が基本。人数より少ない注文は嫌がられることも多い。追加は一人前から可能だ。

参考価格：ソグムグイ　W 12,000／一人前 200 g、カルメギサル　W 12,000／一人前 200 g（注文は二人前から）。

MAP ▶ P.138 M 24

석《ソク》쇠《セ》불《プル》고《コ》기《ギ》

箸でちぎって味わうレトロ焼肉

参考価格：ソクセプルコギ　W 17,000。MAP ▶ P.137 E 12

薄切りの牛肉に醤油、砂糖、ニンニク、ゴマ油を絡めてよく揉み込む。これを両手網に薄く伸ばしてパタンとたたみ、練炭で焼くのがソクセプルコギ。仕上がりは平たいハンバーグ状だが、箸でちぎって食べればしっかり焼肉だ。

味噌にちょんとつけて食べれば牛のうまみに練炭の香りが全開。ごはんにも合うけれど酒の肴としても秀逸。生ニンニクと一緒に食べればガツーンと辛く、またいっそう酒が進む。

現地の人はこう食べる。

★専門店もあるが、昔ながらの居酒屋で酒の肴としてつまむ。
★そのまま食べても味はついている。ニンニクや青唐辛子と食べたり、葉野菜に包んで味噌をのせてもよい。

上／ヤカンに入れたマッコリがもっともよく似合う。右／生ニンニクと一緒に味わう。青唐辛子も辛さが控えめでいい薬味になる。

닭《タッ》갈《カル》비《ビ》

チーズタッカルビの原形がコレだ！

タッカルビは1960年代、ソウルの東に位置する春川《チュンチョン》という町で、豚カルビの代用品として生まれた（鍋料理から派生したとの説もある）。

今でこそ鉄板で炒めるスタイルが主流だが、もともとは鶏のモモ肉を炭火で網焼きする料理だった。骨を手にとってガブッとかぶりつくのが醍醐味。甘辛いタレの中からジューシーな鶏肉のうまみがほとばしる。一度は食べておきたい元祖の味だ。

参考価格：キボンヤンニョムカルビ　W 35,000／三人前。MAP▶P.140 T 38

現地の人はこう食べる。

★たまには違うタッカルビを食べようと盛り上がったときに。

★火の通りやすい骨なしの肉から食べて、その後に骨回りの肉を味わう。

★シメにはP60のマッククスを。

左／厨房で下焼きをしたものをテーブルで網焼きにする。　上／コチュジャンソース、または生ニラ入りのレモンソースで味わう。

양《ヤン》꼬《コ》치《チ》

外国で味わう異国情緒の串焼き

地下鉄2号線の建大入口《コンディプク》駅を出て、5分ほど歩くと広津《クァンジン》美食街というストリートに出る。別名ヤンコチ（羊の串焼き）通り。

この町では朝鮮族（中国の朝鮮系少数民族）による、ヤンコチをはじめとした朝鮮族料理の店が軒を連ねている。中国語で書かれた漢字だらけの看板と、全体的に赤い町の色合いがいかにも中国を感じさせる。

韓国でヤンコチが流行ったのは2010年代に入ってから。鉄串に刺した羊肉を、焼き台で回しながら焼くスタイルがうけた。味つけは塩、粉唐辛子、ゴマ、胡椒をベースにクミンを用いるのが特徴的。韓国料理にはないエスニックな香りが、ソウルにおいては新鮮である。

韓国にいながら中国語も飛び交う異文化空間。外国の中の外国という不思議な感覚が妙に楽しい。

左／「ヤンコチには青島」というコメディアンによる流行語も。　右／ヤンコチを自慢とする朝鮮族料理の店が通りにずらりと並ぶ。

現地の人はこう食べる。

★最初は物珍しさから。一度食べるとクミンの香りがやみつきに。

★最近は自動で回転する串焼き台を備えた店が多い。手動の場合は誰かが焼き係をやる。

★焼けたらクミン入りのスパイスにつけて食べる。焼けた串は上段に置くと焦げない。

★青島ビールが相性抜群。

★カジボックム（ナス炒め）やタンスユク（酢豚）もおすすめ。

memo

ヤンコチは中国の新疆ウイグル自治区がルーツ。1990年代になって、朝鮮族が集まる延辺朝鮮族自治州へと持ち込まれた。朝鮮族の料理としてアレンジが加わったうえで韓国に。札幌式のラムチョップ（ヤンカルビ）とともに、韓国の羊肉ブームを牽引している。

参考価格：ヤンコチ　W 13,000 ／ 10 本。MAP ▶ P.140 Q 33

생《セン》선《ソン》구《グ》이《イ》

煙に吸い寄せられる焼き魚定食

東大門の裏路地。有名なタッカンマリ（P92）通りの手前に、煙の立ち込める一角がある。そこはソウルで焼き魚を食べるなら、まず候補にあがる有名ストリート。ぷちぷちと脂の弾ける焼き立ての魚を求めて、朝からやってくる一人メシの地元民も多い。サワラ、サバ、イシモチ、サンマはW8,000。タチウオ、ホッケはW1万。ごはんと味噌汁、副菜4品がついて大満足の定食だ。

参考価格：センソングイ　W 8,000。MAP ▶ P.138 K 22

上／路地では同じスタイルの店が並んで競うように煙を立てる。　右／練炭の火で魚を焼く。味の秘密は天日塩を使うことと絶妙の火加減。

現地の人はこう食べる。

★朝食、昼食の時間帯には大混雑。近隣で働く会社員が常連に多い。

★焼き魚はしっとりジューシー。塩気もほどよく焼きの腕が光るが、ワサビ醤油につけて食べるのも韓国式。

낙《ナク》지《チ》철《チョル》판《パン》볶《ボッ》음《クム》

活力補給にテナガダコの鉄板炒め

参考価格：サンナクチチョルパンボックム　W 19,000／一人前（注文は二人前から）。

MAP ▶ P.137 E 9

「どんなときに食べるものですか？」と尋ねると「気力の落ちているとき」と即答で返ってきた。

テナガダコは、死んだ牛でも食べさせると即座に起き上がる、といわれるほどの栄養食材。その活力を最大限に味わうべく、生きたまま鉄板に投入して野菜とともに炒める。味付けは粉唐辛子を効かせてビリッと刺激的に。ぷりぷりの食感とにじみ出るうまみは、確かに気分がアガる元気の源だ。

現地の人はこう食べる。

★テナガダコは秋から春までが旬。元気を出したいときの食事として。夜はこれを肴に焼酎を飲む人も多い。

★ほどよく食べたら残ったタレと具材にごはんを加えて炒めて味わう。

左／テナガダコは西海岸の産地から生きたまま運ばれてくる。　上／シメのごはんを炒めるときにはチーズを追加するオプションも。

스테이크《ステイク》

米軍基地発の超豪華な鉄板焼き

ステイクとは韓国式のステーキ。ただし、厚切りの牛肉をただ焼いたものではなく、牛肉に加えて、ソーセージ、ベーコン、ランチョンミート（スパム）といった加工肉を、タマネギ、ピーマン、ナス、エリンギと一緒に炒めたものを指す。

いうなればだいぶ豪華な牛肉とソーセージの野菜炒め。これを専門とする店が、地下鉄4号線の淑大入口《スクテイプク》駅付近にずらりと並ぶ。

この料理が生まれたのは1960年代で、すぐ裏手の龍山《ヨンサン》米軍基地から流れた食材をたくみに利用して作ったのが始まり。米軍関係者もよく来るが、むしろ子どももうけする料理でもあるため、近隣に住むファミリー客も多い。

やや異色ではあるが、それでもすでに50年以上の歴史を誇る料理。ソウルの郷土料理と言えよう。

上／創業は1968年。通りでも元祖格として知られる。
右／食べ方はいろいろ。ニラの和え物とキャベツは混ぜて食べるとおいしい。

現地の人はこう食べる。

★ファミリーでの夕食として。近隣の会社員は昼食や、夜の会食にも利用する。

★味つけはA1ソース（ステーキソース）。そのままでも食べられるが、マスタードソースにつけたり、ニラの和え物、千切りキャベツと食べてもよい。

★牛肉は焼きすぎ厳禁。いいお肉なのでジューシーなうちに。

★ひと通り食べたらプデジョンゴル（P95）をシメに。

memo

韓国に駐屯する米軍基地周辺では流出食材を利用した独自の料理が発達した。議政府《ウィジョンブ》のプデチゲ（ソーセージ鍋）が有名だが、本ページで紹介したステイクや、平沢《ピョンテク》の韓国式ハンバーガー、漆谷《チルゴク》のコルドンブルー（チーズカツレツ）など基地グルメは各地にある。

参考価格：モドゥムステイク　W 30,000／小、W 35,000／中、W 45,000／大。MAP ▶ P.139 O 31

순《スン》대《デ》스《ス》테《テ》이《イ》크《ク》

常識を打ち破った新時代の腸詰め

目指したのは世界に愛されるスンデ（腸詰め）。スンデに人生を捧げた社長が、苦労の末生み出したのがスンデステーキだ。

伝統スンデには必ず入るソンジ（鮮血）を抜いたのがまず大きな決断。かわりとして豚肉、野菜に加え、穀物、ナッツなど計23種類の素材を詰め込んだ。うずまき状の形とナイフ、フォークで食べるスタイルも斬新であり、新感覚のスンデとして若い世代を中心に浸透中だ。

参考価格：スンデステイク　W 14,000。MAP ▶ P.136 A 1

上／店内から見える場所に鉄板を置き、その場で焼いて提供。　右／具の種類が豊富なので一口ごとに違った食感、味を楽しめる。

現地の人はこう食べる。

★新しい概念のスンデを試してみたい好奇心旺盛な美食家が集う。
★学生街なので若い世代が多い。
★添えられたチリソース、黒ゴマソースにつけて味わう。

모《モ》듬《ドゥム》전《ジョン》

マッコリと相性抜群の市場名物

参考価格：モドゥムジョン　W 13,000／中　W 25,000／特。

MAP ▶ P.136 D 5

都心にあってローカルな雰囲気の孔徳《コンドク》市場。名物のモドゥムジョンはさまざまな食材に衣をつけて焼いた、一口大のチヂミ盛り合わせである。路地裏にただよう香りにつられ、ジョンを専門とする居酒屋へ入る。地元銘柄のマッコリをぐびりと飲んで、焼き立てを頬張ると思わず笑顔になった。すかさず隣から「どうだここはうまいだろう」と声がかかる。得意げな隣客の笑顔はさらに満面である。

左／具材は白身魚、韓国カボチャ、キノコ、具をはさんだエゴマの葉や青唐辛子など多彩。　上／薬味醤油にちょんとつけて味わう。

現地の人はこう食べる。

★マッコリに合う料理といえばなによりもジョン。韓国では雨の日にマッコリを飲む習慣も。

★ジョンはハレの日に欠かせない料理でもある。旧正月や祭祀の日に。

ちょこっと休憩

市場メシ

市場はいい。活気と喧噪の中に身を置くだけで、体の内側から高揚してきて、「なにか買わなきゃ」「なにか食べなきゃ」という気になってくる。そんなタイミングでなにやらおいしそうなものに出くわせば、それは手を出すなというほうが無理だろう。

ソウルの市場は専門性で大きく分かれており、東大門《トンデムン》市場はファッション関係、南大門《ナムデムン》市場は日用品と雑貨、京東《キョンドン》市場は韓方材、中部《チュンブ》市場は乾物をそれぞれ得意とする。ソウルの人たちはそのときどきの用途に応じて市場へくり出すが、観光目当てでふらりと立ち寄ってもそれぞれ楽しい。市場ごとに名物グルメも充実しており、東大門市場であればすぐ裏手の路地でタッカンマリ（→P92）やセンソングイ（→P80）。南大門市場であればカルチジョリム（タチウオの煮付け）や野菜ホットク（おやき）といった具合である。

빈대떡

ピンデトク

目の前で石臼をひいて生地を作る緑豆チヂミ。緑豆の香ばしい風味に加え、緑豆モヤシと白菜キムチも具として入る。たっぷりの油で揚げるように焼くため、外側はカリッと香ばしく、よく冷えたマッコリと相性抜群。

参考価格：ピンデトク　W 5,000。

MAP ▶ P.138 J 21

ソウルはそんな市場があちこちにあるが、どこか一つと問われればためらいなくおすすめするのが鍾路《チョンノ》の広蔵《クァンジャン》市場。もともとは伝統衣服、絨毯、寝具などを専門に扱う市場であったが、近年は立地のよさとB級グルメの充実で人気の観光スポットとなっている。屋台風の店舗に腰かけて市場メシに舌鼓を打てば、エネルギッシュな空気も一緒に充填されていく。これぞアジアの市場。何度通っても何度食べてもいつも元気においしい。

반 찬

パンチャン

市場に行くとパンチャンカゲと呼ばれる総菜店がある。パンチャンはおかず、カゲは店。キムチ、塩辛、漬物といった常備菜を専門に扱う。これらを買って帰るのも市場必須の楽しみ。帰国後の食卓がぐっと豪華になる。

参考価格：各種総菜　W5,000～10,000程度。

MAP ▶ P.138 J 21

마 약 김 밥

マヤクキムパプ

直訳すると麻薬海苔巻き。人参、ニラ、たくあんの入ったひと口海苔巻きをカラシ醤油につけて食べる。名前の由来は一度食べるとまた食べたくなるやみつき具合を、麻薬の中毒性になぞらえて。麻薬グルメの火付け役的存在。

参考価格：マヤクキムパム　W3,000。

MAP ▶ P.138 J 21

냉장고에 있습니다.
좋은데이

이슬 fresh
처음처럼

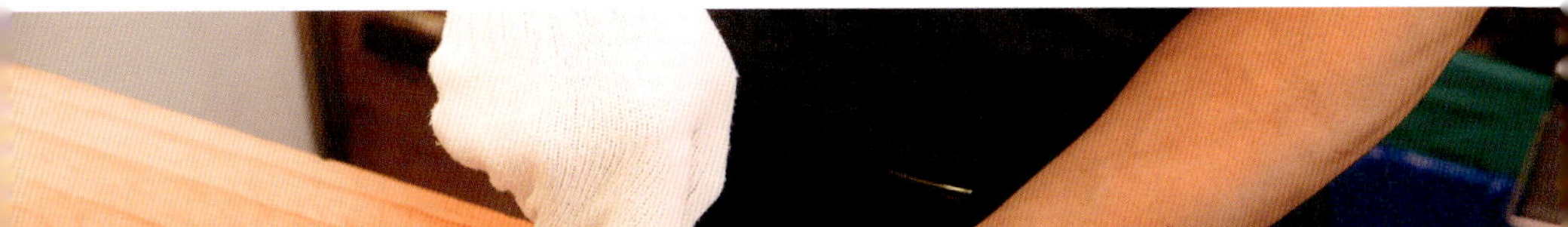

鍋もの

みんなでわいわい食べるならやっぱり鍋料理。たっぷりの具材とスープが、全身をぽかぽかと温めてくれる。現地の空気に触れながら食べればなお格別。どれもボリュームたっぷりなので、お腹をすかせていけば空腹がさらにスパイスに！

닭한마리《タッカンマリ》

ニンニクがっつりの豪快な丸鶏鍋

料理名を直訳すると「鶏一羽」。鶏を丸ごと煮込み、豪快にハサミでチョキチョキ切り分ける。セルフサービスの店もあるが、店員の慣れたハサミさばきに見とれるのも一興。関節の継ぎ目にピタリとハサミを当て、バツンバツンと解体する。

ほどよく煮えたら、醤油、酢、マスタード、タデギ（唐辛子ペースト）を混ぜたタレにつけて賞味。この立派な丸鶏がだいたい二〜三人前で、韓国人ならカップルでも一羽をぺろりと食べる。

……とそのとき、隣のテーブルから聞こえてきたのは「鶏二羽！」の声。なんと女性の二人組だ。よっぽど鶏が好きなのかと思いきや、こちらの視線に気付いて、「あとでもう二人来るんですよ」とのこと。これはこれは大変失礼しました。

上／つけダレの生ニラがいい薬味となる。　右／カルグクスは追加注文不可。鶏肉を3分の2ほど食べたら必要な人数分を注文しよう。

現地の人はこう食べる。

★専門店は東大門《トンデムン》エリアに密集。最初はまず東大門のタッカンマリ通り。リピーターになったら他エリアの専門店も食べ歩こう。

★つけダレは唐辛子ペースト3に対してマスタード1。これを酢醤油で溶いて、生ニラを加える。

★カップルは手羽を食べてはいけないとの迷信も（恋人がほかの人のところへ飛んでいくから）。

★残ったスープにはカルグクス（手打ちうどん）を入れる。

memo

かつて東大門にはソウルと地方を結ぶバスターミナルがあり、長距離を移動する人たちが腹ごしらえに食べたのがこの料理。来店客が「タッカンマリ（鶏一羽！）」と注文したことから、これがそのまま料理名になった。東大門を発祥とする、いわばソウルの郷土料理。

参考価格：タッカンマリ　W 22,000。MAP ▶ P.137 G 15

닭《タッ》도《ト》리《リ》탕《タン》

家で食べたいゴロゴロ野菜の鶏鍋

参考価格：タットリタン　W 20,000／中、W 30,000／大。MAP ▶ P.140 W 41

タットリタンは鶏肉と野菜をピリ辛に煮込んだ鍋料理。どの店を紹介しようか悩んでいたら、友人が「ウチの近所にいい店あるよ」と推薦してくれた。

なるほど。タットリタンといえば身近な家庭料理。肉じゃがにも似た甘こってり味と野菜のごろごろ感は、ご近所が似合う。行ってみると、そうそうコレコレ！　夫婦で切り盛りする地元密着型の店は、まさしくほっとくつろぐ味わいだった。

現地の人はこう食べる。

★普段の家庭料理として。またはお客さんが来たときのおもてなしに。

★居酒屋では焼酎の肴としても活躍。

★残ったスープに麺を入れたり、ごはんを炒めて食べてもおいしい。

上／大サイズが鶏一羽。ぶつ切りの各部位に砂肝も加えて丸ごと味わう。
右／シメのポックムパプ（炒めごはん）は一人前W2,000。

부《プ》대《デ》전《ジョン》골《ゴル》

キムチがとりまとめる韓洋折衷鍋

プデジョンゴル（プデチゲ）のプデは「部隊」。朝鮮戦争後に米軍基地から流れてくる缶詰類を、韓国式に調理したのが発祥とされる。ソーセージやランチョンミートをキムチと一緒に煮込んでみると、思いのほか濃厚で相性がいい。洋風かと思いきやごはんとも相性がよくボリュームもある。うまいじゃないかということで全国に広まり、現在はラーメンやチーズなども加えていっそう豪華になった。

参考価格：プデジョンゴル　W 10,000。MAP ▶ P.139 O 31

現地の人はこう食べる。

★昼食、夕食を問わずガッツリ食べたいときの食事として。
★ソーセージやベーコンなどを追加でトッピングもできる。
★掲載店ではステイク（P82）を食べた後のシメとして。

左／ベースはじっくり煮込んだ牛骨スープ。　上／韓国でラーメンというとインスタントの乾麺が定番。煮込んでも伸びにくい。

어《オ》복《ボク》쟁《チェン》반《バン》

牛肉を上品に味わう平壌式寄せ鍋

冷麺店における憧れの料理というべきか。メニューでは見るけど、値段の高さもあってなかなか頼む機会がなかった。初めて食べたときは嬉しかったなぁ、とときおりニヤニヤ反芻してしまう。

　牛ダシを張った鍋に入っているのは、薄切りの牛肉に、春菊、長ネギ、エノキ、梨、錦糸卵、茹で卵といった面々。これらを鍋の中央に置いた醤油ダレで味わう。

　ひとしきり具を食べたら、残ったスープにマンドゥ（餃子）か冷麺の麺を追加で投入。ゴロンと大きなマンドゥは食べごたえがあるし、冷麺の麺を温かくして食べると、テロンとした食感が乙である。

　全体的に味つけが上品なのは、平《ピョン》壌《ヤン》を中心とする北部地域の郷土料理だから。かつては富裕層の味わう風流食であったそうだ。

上／店内には平壌市内の写真も飾られる。右／スープは牛の肩バラ肉を煮込んだもの。醤油ダレも一緒に温まるので素材との一体感がある。

memo

料理名のオボクは「牛腹（ウボク）」に由来。チェンバンはお盆を意味する。お盆状になった平たい鍋を用いることから名前がついた。平壌を中心とする平《ピョン》安《アン》道《ド》地方の郷土料理であり、スナンプルコギ（平壌式の牛焼肉）とともに地域を代表する牛肉料理でもある。

現地の人はこう食べる。

★冷麺店で行う贅沢な会食のときに。接待の席にもよく似合う。

★年配の方に人気なので、家族で集まるときにも使われる。

★辛くない鍋料理の選択肢としてもぴったり。

★掲載店の場合、マンドゥは一つが大きいので注意。一人前W９，０００に対して６個だが、半人前３個W５，０００でも注文できる。一人１個が目安。

★別途冷麺を頼む人も多い。

参考価格：ピョンヤンシク チェンバン　W 43,000／小、W 65,000／大。MAP ▶ P.138 I 19

개《ケ》성《ソン》무《ム》찜《チム》

古都に伝わる贅を尽くした大根煮

南北分断の象徴である板門店《パンムンジョム》から北へ8キロメートル行くと、そこが高麗王朝の都があった開城《ケソン》である。市内には高麗王朝の初代王である王《ワン》建《ゴン》の陵墓や、開城南大門《ナムデムン》などの史跡が残り、ユネスコの世界文化遺産にも登録されている。

かつての都であった開城には風雅な宮中料理が伝わっており、現在は郷土料理として定着する。伝統料理の膳立てを模した定食の飯床器《パンサンギ》や、高麗時代に発達したとされる甘いおこわのヤッパプなどが代表的である。

牛肉、豚肉などを大根と煮込んだケソンムチムもその一つ。肉料理かと思いきや料理名の直訳は開城式の大根煮。大根を主役に立てる控えめな名称だが、実際に食べてみれば納得至極。味の染みた大根に唸らざるを得ない。

上／店内の壁には「統一は食卓から」とのスローガンが書かれている。　右／北朝鮮の物品を展示。左手前は開城の高麗人参ゼリー。

現地の人はこう食べる。

★現在は容易に開城まで行って食べることはできないため、南では北朝鮮料理の専門店でしか味わえない。

★ものの本によれば、開城においても食材を贅沢に使う料理であるため、なかなか作られることがないとか。

★大根をメインとする料理ではあるが、牛肉、豚肉、キノコなどの具も味が染みているのでしっかり味わう。

memo

北朝鮮で出版された料理書を見ると、ケソンムチムは牛肉、豚肉、鶏肉を煮込んだ蒸し煮料理となっている。掲載店では汁気の多い鍋料理として作っており、どうやら調理法としてはさまざまあるようだ。蒸し煮として作る場合は、大皿に盛りつけて提供する。

参考価格：ケソンムチム　W 24,000／中、W 43,000／大。MAP ▶ P.137 E 8

생《セン》태《テ》탕《タン》

寒い時期にこそ食べたい鍋料理

韓国人にとってスケトウダラは特別な魚。通常はミョンテ（明太）と呼ぶが、鮮度のよい生のものはセンテ（生太）と呼び分ける。冷凍をしたらトンテ（凍太）、乾燥させたらファンテ（黄太）。ほかにも細かな呼び方がたくさんある。

旬の寒い時期に鍋で味わうのならやっぱりセンテ。身はぷりっとやわらかく、卵や白子もドンと入る。ダシの出具合も申し分なし。すする汁のうまさに冬でよかったと感謝をするほどだ。

参考価格：センテタン　W 30,000／小、W 40,000／中、W 50,000／大。

MAP ▶ P.137 F 13

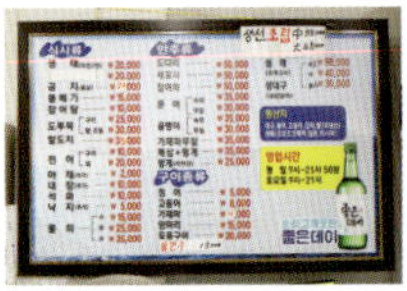

上／メニューには東海岸からの他の魚も並ぶ。　右／大量のセリが鍋にどさっと盛られてくる。この香りが味のポイントでもある。

現地の人はこう食べる。

★寒くなってからが本番。鍋料理のおいしい時期にこそ食べたくなる。

★ぶつ切りにした身に、たっぷりのセリを絡めて味わう。ワサビ醤油にちょんとつけてもおいしい。

도《ト》루《ル》묵《ムク》조《チョ》림《リム》

旬のハタハタを煮付けで味わう

参考価格：トルムクチョリム　W 30,000。MAP ▶ P.137 F 13

9月の第3週。まだ早いかもと思いつつ、店で尋ねてみるとちょうど初物が入ったばかりであった。東海岸でとれるハタハタは9月中旬から12月中旬までが旬で、専門店ではこの時期に卵を抱えるメスを珍重する。

焼いてもおいしいが、トルムクチョリムと呼ばれる煮付けがうまい。甘辛い煮汁がほろほろとした身の味を引き立て、卵のブリッとした食感が季節の到来を感じさせる。

左／社長は東草で仲買人をしていた経歴をもつ。
上／店の入口に並ぶ旬の魚介。すべて東海岸から直送されたものを使う。

現地の人はこう食べる。

★東海岸沿いの東草《ソクチョ》、江陵《カンヌン》あたりの港町が名産地。週末に旅行をするか、あるいは産地直送の専門店で味わう。

★ごはんのおかずにもなるが、ほかの魚介料理とともに一杯やるのも格別。

박《パク》속《ソク》연《ヨン》포《ポ》탕《タン》

透き通った味わいのテナガダコ鍋

韓国ではポピュラーな食材のテナガダコ。代表的な食べ方の一つに、生きたままぶつ切りにして、ウネウネ動くところにゴマ油と塩をかけた踊り食いがある。刺身でも活魚をもっともよしとする韓国人にとって、最高の食べ方だ。

その迫力に座もわきたつが、それとは対照的にテナガダコをすまし仕立ての鍋にしたヨンポタンは、穏やかで滋味溢れる料理である。体にすっと溶け込むように、すっきりと上品な味。干しダラのダシをベースにしているので味わいも深く、いくらでも飲み続けたいスープだ。

相性のよいパクソクはユウガオの実。いわゆる生のカンピョウであり、これがクミクミとした独特の食感を演出する。ぷりぷりっと弾力のあるテナガダコともまた違って楽しい。

上／人通りの多い繁華街にあるため早ければ17時頃から混み始める。　右／カルグクスは自家製のキムチと一緒に食べてもおいしい。

現地の人はこう食べる。

★テナガダコは西海岸が名産地。旅行に出かけたら、一度は食べたいご当地食材である。

★パクソク入りのヨンポタンは忠《チュン》清道《チョンド》地域の郷土料理。ソウルではテナガダコ料理の専門店自体希少。

★専門店で食べる料理だけに、踊り食いや、和え物、炒め物などを一緒に頼むことも多い。

★シメはカルグクス（うどん）が定番。スープとの相性が抜群。

memo

ヨンポタンは漢字で軟泡湯と書く。軟泡は豆腐を意味し、かつては豆腐とテナガダコの鍋を指した。時代とともに豆腐が抜けて現在はテナガダコ鍋を意味するが、もっと昔は豆腐と鶏肉の鍋をヨンポタンと呼んだ時代もあり、名称とテナガダコはまったく関係がない。

参考価格：パクソクヨンポタン　W 37,000／小、W 51,000／中、W 66,000／大、W 78,000／特。MAP ▶ P.137 E 9

만《マン》두《ドゥ》전《ジョン》골《ゴル》

ボリューム満点の特大餃子鍋

参考価格：マンドゥジョンゴル　W 35,000／中、W 40,000／大。

MAP ▶ P.136 C 4

マンドゥ（餃子）は中国から朝鮮半島へと伝わった。そのため中国により近い、北朝鮮の平壌《ピョンヤン》、開城《ケソン》あたりが本場とされる。開城のマンドゥは一口サイズで上品に作る。平壌のマンドゥは質実剛健。多少不格好でもごろんと大きく作るのが鉄則だ。鍋料理として煮込むのであればやはり平壌式。豚肉と豆腐、緑豆モヤシをたっぷり。皮も分厚く作るので、一つ食べるだけでもお腹にズシッとくる。

上／たっぷりのヒラタケからもいいダシが出る。牛肉は脂の多いバラ肉を使用。右／二人前の中サイズには3個のマンドゥが入る。

現地の人はこう食べる。

★ランチタイムは一人前のマンドゥクッ（P27）を。マンドゥジョンゴルは夜に大勢でつつく。

★マンドゥは正月料理でもあるためシーズンは冬。寒い季節にアツアツのマンドゥにかぶりつく。

★大きいので突き崩してスープと混ぜながら食べてもおいしい。

곱《コプ》창《チャン》전《ジョン》골《ゴル》

ピリ辛スープで味わうホルモン鍋

11時の開店直後に女性客が二名。座ると同時にコプチャンジョンゴル（ホルモン鍋）を頼んだ。昼から鍋料理をつつくのは、韓国ではごく当たり前の光景。寒い冬に限ったわけでもなく、通年でぐつぐつの鍋料理に親しんでいる。

脂の乗ったホルモンはピリ辛のスープと相性がよく、煮汁を吸った春雨やうどんもたまらない。昼からこんな鍋を食べて、ビールの一杯でも恋しくならないのかなぁとも思うけど。

参考価格：コプチャンジョンゴル　W 15,000／一人前（注文は二人前から）。

MAP ▶ P.140 R 35

現地の人はこう食べる。

★昼食としても夕食としても人気の鍋料理。ごはんにもお酒にも。

★きれいに盛りつけた鍋をテーブルで煮込む。誰かが鍋奉行をすること。

★残った煮汁でごはんを炒めてもよい。

左／ホルモンのほか牛肉や春菊、餅なども具として入る。　上／昼夜を問わず食事時には大混雑となる。近隣で働く会社員が多い。

대영 절단 절곡

은성집
생태탕
맛드림

LG

래
주
점
2F
삼화
옆집 삼화와는 다른 집입니다
양곱창
노래방
ROSE
2F
양
곱
창
에어컨완비
남선장
日本人歓迎いたします
여관
제이
노래방

釜山料理

釜山はソウルから高速鉄道で約3時間。港町ならではの海鮮料理や、釜山風のアレンジ料理、ここでしか味わえない名物料理などが目白押し。ソウルだけでは満足できなくなったら、少し足をのばして、釜山料理を食べに行こう。

돼《テ》지《ジ》국《クッ》밥《パプ》

釜山でまず食べるべき地元メシ

テジクッパプは釜山《プサン》を代表するソウルフード。国内最大の港町だけに魚介料理も有名だが、これを食べずして釜山は語れない。

白濁した特濃のスープにごはんを入れた料理がテジクッパプ。繁華街の西面《ソミョン》にあるテジクッパプの専門店通りでは、店頭で大量の豚骨と豚肉を煮込んでいる。通り一面に充満する肉のもわっとした香りは、いかにもクセが強そうに思えるが、食べてみると意外なほどにあっさりしている。丹念に脂を除いてあるため、うまみのエキスだけを楽しめるのだ。

「テジクッパプ ハナ チュイソ！」

店内に飛び交う釜山弁のシャワーを浴びながら、アツアツの汁かけごはんをすする。釜山に来たなぁと実感する瞬間である（ハナ チュイソは釜山弁で「一つください」）。

上／好みの薬味を入れてカスタマイズする楽しさがある。素麺も一緒に投入。　右／豚肉はウデ（前足）の部位を中心にバラ肉なども煮込む。

現地の人はこう食べる。

★釜山の人は朝昼晩を問わず食べる。夜は具の茹で豚で焼酎を飲み、汁でシメるという人も多い。

★ごはんを入れた状態で出てくるのがテジクッパプ。ごはんが別盛りのタロクッパプや、具も別盛りのスユクペッパンがある。

★ニラの和え物とアミの塩辛を加えて塩気を調整する。具の豚肉は酢醤油につけて食べてもよい。

★具は豚肉だけでなく、内臓、スンデ（腸詰め）も選べる。

memo

テジクッパプの由来として有力な説の一つに、北部の出身者が故郷の料理であるスンデクッパプ（腸詰めのスープごはん）を豚肉で代用したというものがある。釜山には朝鮮戦争で平安道《ピョンアンド》や咸鏡道《ハムギョンド》から避難してきた人が多く住んでおり、北部の食文化が根づいている。

参考価格：テジクッパプ　W 7,000。MAP ▶ P.141 B 2

밀《ミル》면《ミョン》

つるんと喉ごし爽やかな釜山冷麺

現在は北朝鮮に位置する咸興《ハムン》。地域の郷土料理である冷麺（P54〜57）を、釜山《プサン》式にアレンジしたのがミルミョンである。ミルは小麦、ミョンは麺。咸興ではジャガイモのデンプンで麺を作ったが、釜山では入手しやすい小麦粉で作った。

この料理が生まれたのは1950年代の初め。朝鮮戦争により北から避難してきた人たちが釜山に集まった。ミルミョンは物のないなかで苦肉の策として考案した代用料理ではあったが、意外なことに評判はよく、今は釜山名物としてすっかり定着している。

冷たい小麦麺はどこか冷やしラーメンのようでもあり、つるんとなめらかな食感で食べやすい。よく似ているのが盛岡冷麺。実は盛岡冷麺のルーツも咸興であり、いわば親戚のような存在なのだ。

上／地下鉄駅から離れているのでタクシーが便利。路地の奥にある。　右／麺に下味をつけて揉み込んでからスープとタレをかける。

現地の人はこう食べる。

★釜山では冷麺よりミルミョン。夏の暑い時期には欠かせないが、人気店なら夏場は大行列覚悟。

★市内は専門店が多く、人によってお気に入りが違う。どの店がうまいかは釜山で鉄板の話題。

★ハサミが出てくるが、店としては麺は切らずに食べるのをすすめている。

★好みで酢、辛子を加える。サイドメニューのマンドゥ（餃子）をシェアして食べる人も多い。

memo

多くの避難民を生んだ朝鮮戦争は、結果として北部の食文化を南部に溶け込ませた。軍事分界線をまたぐ江原道《カンウォンド》にも北部由来の郷土料理が多く、ファンテ（干しダラ）、カジャミシッケ（カレイの馴れ寿司）、オジンオスンデ（イカめし）などが代表的である。

参考価格：ミルミョン　W 6,000／小、W 7,000／大。MAP ▶ P.141 D 4

양《ヤン》곱《ゴプ》창《チャン》

お母さんと差し向かう絶品ホルモン

水産市場で働く人が明日への活力として食べたのが始まり。料理名は牛のヤン（ミノ）と、ゴプチャン（小腸）からとっているが、近年はより脂の乗ったデチャン（大腸）の人気が高い。

店に入ると区画が細かく分かれており、屋台風のカウンターを別々のお母さんが担当する。それぞれに常連客が付いているため、どこか小料理店のような雰囲気も。差し向かいで交わされる「はい、焼けたよ」というやりとりにほっこりする。

参考価格：ヤンデチャン ソグムグイ　W 35,000。 MAP ▶ P.142 E 8

現地の人はこう食べる。

★お母さん選びがもっとも大事。定位置があるので番号を覚えよう。

★最初はソグムグイ（塩焼き）で素材を楽しみ、次にヤンニョムグイ（薬味ダレ焼き）で変化をつける。

上／地元民からの支持が厚い「8号」店舗のク・ヒョンジャさん。　右／味の秘密は、肉をやわらかくする自家製パイナップルジュース。

냉《ネン》채《チェ》족《チョッ》발《パル》

釜山式の豚足はさっぱりサラダ風

釜山《プサン》でチョッパル（豚足）を食べるならネンチェに限る。ネンチェとは漢字で「冷菜」と書き、豚足を中国料理の前菜風に味つけしたもの。冷菜に欠かせないクラゲをはじめ、キュウリ、ニンジン、カニカマなどをサラダ風に和えて作る。ソースはツーンと鼻にくるマスタード。一般的なチョッパルは醤油ダレで飴色に煮込むが、それとは反対のさっぱり味に仕上がる。釜山駅前に中華街をもつ、釜山ならではのアレンジだ。

参考価格：ネンチェ W 30,000／小、W 35,000／中、W 40,000／大、W 50,000／特。 MAP ▶ P.142 E 9

現地の人はこう食べる。

★チョッパルを食べるときは、チャガルチ市場の近くの専門店通りにくり出す。

★マスタードソースの味で十分だが、チョッパルは葉野菜に包むか、アミの塩辛につけて食べてもいい。

左／店頭に煮込んだ豚足を積み上げて、スライスまたは細切りにしていく。
上／エゴマの葉に包んで食べるとさらに風味がいい。

조《チョ》방《バン》낙《ナク》지《チ》

釜山式のタコ炒めは一味違う

釜山《プサン》式のテナガダコ（韓国語でナクチ）炒めは、汁気の多い炒め煮風。他地域の人が炒め物のつもりで頼むと、間違えて鍋料理が出てきたのかと驚く。地下鉄1号線の凡一《ポミル》駅近くに専門店が多く、近隣にはかつて朝鮮紡績《チョソンバンジク》という会社があって、その関係者が通ったことから朝紡《チョバン》ナクチとも呼ばれる。

甘こってりの煮汁はテナガダコと相性抜群。エビと牛ホルモンをトッピングできるので、ぜひ「両方とも！」入れたい。

参考価格：ナッコプセ　W 8,000（注文は二人前から）。MAP ▶ P.141 C 3

上／半分以上を食べたあたりで麺類を頼もう。　右／ごはんがセットでついてくる。大ぶりな器で出てくるごはんが取り皿がわり。

現地の人はこう食べる。

★テナガダコのみはナクチ、エビ追加はナクセ、ホルモン追加はナッコプ、両方追加はナッコプセというメニュー名になる。

★シメとしてうどん、ラーメン、春雨を炒める選択肢もある。

주《チュ》꾸《ク》미《ミ》구《グ》이《イ》

練炭の香りをまとうイイダコ焼き

参考価格：チュクミグイ　W 15,000。MAP ▶ P.142 E 5

現代によくぞ残ったという路地の風情。練炭の煙が立ち込めるなか、真っ赤なタレをまとって焼かれているのはイイダコである。一口でひょいパクと食べられるサイズだが、噛めば噛むほど素材のうまみが押し寄せる。

タレの味は最初に甘く、後から辛さがじわじわと来る。添えられたマヨネーズは本来韓国料理として邪道だろうが、辛いタレとよく合うので、邪道であってもこれはこれでよろしい。

現地の人はこう食べる。

★昼はごはんと一緒に。夜は焼酎の肴として。周辺の会社員御用達。

★一緒にピンデトク（緑豆チヂミ）もぜひ頼みたい。ピンデトクにイイダコをのせて食べるのも定番。

左／ピンデトクは４枚が１セット。表面がカリッとしてモヤシがシャキシャキ。上／この路地は夕方の時間がもっとも美しい。

대《テ》구《グ》탕《タン》

海雲台の朝はタラのスープから

フグか、タラか。ひとしきり悩む海雲台《ヘウンデ》の朝である。どちらも名物。どちらも白身を活かしたあっさりスープ。

悩んだ末にタラを選んだのは、ほっくり肉厚なタラもさることながら、味の染みた大根を食べたかったからかもしれない。ざっくり大きく切った大根は食感を残して食べごたえがある。かぶりつくと、おつゆがジュワッ。根菜のやさしいうまさのなかにタラが活きている。

参考価格：テグタン　W 11,000。MAP ▶ P.141 A 1

上／ワサビ醤油につけるとタラの味が際立つ。
右／タデギを入れずともスープには辛さが少しある。味をみながら調整をして。

現地の人はこう食べる。

★すっきりすんだ味は朝食にぴったり。たっぷりの汁で身体が目覚める。

★タラの身はワサビ醤油につけても可。スープにタデギ（唐辛子ペースト）を入れるとキリッと締まる。

가《カ》자《ジャ》미《ミ》미《ミ》역《ヨッ》국《クッ》

定番のワカメスープをより豪華に

参考価格：カジャミミヨックッ　W 11,000。MAP ▶ P.142 E 6

家庭料理の定番。ミヨックッ（ワカメスープ）は母親が産後の回復期に飲むものであり、それが転じて母への感謝を込めつつ誕生日に食べる料理としても根付いている。

家庭ごとに牛肉や貝などを入れて作るが、カレイ（カジャミ）を入れるのは東海岸の蔚山《ウルサン》あたりでよく見る作り方。ごそっと大きな身が入っているので、いいダシが出るのはもちろん、外食としても遜色ない豪華さである。

現地の人はこう食べる。

★近年の韓国では家庭料理の外食化がブームに。忙しい現代人のオアシスとなっている。

★より贅沢に味わうのであれば、アワビ入りのメニューもある。

左／白身を軽くほぐしてワカメと一緒に食べるとより味わい深い。　上／アワビ入り、牛肉入り、アサリ入りなどの種類がある。

어《オ》묵《ムク》고《コ》로《ロ》케《ッケ》

おでんの練り物がコロッケに変身

魚の練り物を韓国語でオムクと呼ぶ。老舗メーカーの「サムジンオムク」が２０１４年に発売したオムクコロッケは、練り物にジャガイモやチーズなどの具を詰めて揚げたもの。

おかずにもなるしオヤツにもなると評判を集め、瞬く間に全国的なブームとなった。現在は6種類を発売。個人的なオススメはぷりっとした食感のエビ。次点はスタンダードなジャガイモ。意外性ではサツマイモを推したい。

参考価格：オムクコロッケ　W 1,200／1個。MAP ▶ P.142 F 10

上／オムクコロッケのみならず60種類以上の練り物が並ぶ。　右／テイクアウトは専用のボックスで。お土産としても人気がある。

現地の人はこう食べる。

★韓国のコロッケとはカレーパンのような揚げパンを指す。ジャガイモだけでなく多彩な具が入る。

★すっかり釜山土産としても定着。全国のデパ地下でも販売される。

완《ワン》 당《ダン》

日本から伝わった釜山式ワンタン

参考価格：ワンダン　W 6,500。MAP ▶ P.142 G 11

釜山《プサン》のワンダンは日本でいうワンタン。創業初代は日本の大阪で調理法を学び、1947年に釜山へ戻って店を開いた。つるんとなめらかなワンタンもさることながら、コクのあるスープが格別。煮干し、昆布をベースとしつつ、鶏と豚骨を加えるのが味の秘訣という。いずれのダシも主張しすぎず、全体がまろやかに統一されている。今ではすっかり釜山のローカルフード。中国生まれ日本育ちの釜山料理だ。

現地の人はこう食べる。

★気軽に立ち寄れる昼食として。
★パルグクス（ざるそば）、ユブチョバプ（稲荷寿司）、キムチヨバプ（海苔巻き）を一緒に頼む人も。
★麺を入れたワンダンミョンもある。

左／竹の鉢に盛られてくるパルグクス。直訳すると鉢麺となる。　上／つるっとしたワンタンの中には豚肉が入っている。小ぶりながら味わいは深い。

ちょこっと休憩

港町ごはん

釜山《プサン》を代表する水産市場のチャガルチ市場。厳密には7階建てのビル内施設を指すが、周辺の露店や飲食店も含めてチャガルチ市場と呼ぶことが多い。港町の風情を満喫するとともに、新鮮な刺身や魚介料理を味わえるスポットだ。

刺身の食べ方としては、大きく2種類ある。一つは飲食店に入って、普通に刺身を注文する方法。もう一つが魚を買い、自分で飲食店に持ち込む方法だ。チャガルチ市場1階には鮮魚店が集まっているので、ここで気に入った魚を買えば、提携の刺身店へと案内してくれる。ただし、刺身店では別途席料と調理代がかかるので注意。席料は一人W4,000、調理代は魚によっても異なるが一尾W5,000～が相場なので、これは事前に確認したい。

チャガルチ市場の2階は刺身店の集まるエリア。ここでも注文は丸ごと一尾が基本であり、ヒラメ、マダイといった白身魚の人気が高い（モドゥムフェという

参考価格：クァンオフェ（ヒラメの刺身）　W 50,000／小、W 60,000／中、W 80,000／大。MAP ▶ P.142 E 7

刺し盛りもあるが、丸ごと一尾での注文が好まれる）。二人前程度のサイズなら養殖ヒラメで一尾W5万ぐらい。ツキダシと呼ばれる副菜や一品料理、メウンタン（辛口のアラ鍋）が含まれるので、トータルでみると持ち込みよりはお得になる。

自分の目利きを信じて持ち込むか、プロ任せで食事に専念するか。どちらもよさはあるので方針を決めて足を運ぼう。

韓国での刺身の食べ方

1. ワサビ醤油につけて食べる。

2. チョジャン（唐辛子酢味噌）につけて食べる。

3. 葉野菜にサムジャン（包む用の味噌）と一緒に包んで食べる。

4. ほどよく刺身を食べたら、魚のアラでメウンタン（辛口のアラ鍋）を作ってもらう。辛いのが得意でない場合は、「チリ」と注文すると辛くないちり鍋にしてもらえる。

伝統茶パラダイス

韓国語でもお茶のことは「チャ」と呼ぶが、茶葉を使った緑茶、紅茶、中国茶だけでなく、茶葉を使わない果実や穀物を使った飲料もチャに含まれる。砂糖漬けにしたユズやカリンをお湯で溶いた果実茶、大麦やトウモロコシなどを香ばしく煎って煮出した穀物茶、乾燥させた花にお湯を注いだ花茶など、いろいろなチャが親しまれている。また、韓国では東洋医学が根づいており、韓方材を煎じた薬湯もお茶がわりに飲まれる。これらを総称して伝統茶（チョントンチャ）と呼び、街中ではカフェとは別に伝統茶店が営業している。

오《オ》미《ミ》자《ジャ》차《チャ》

チョウセンゴミシの実を漬けたお茶。爽やかな酸味と甘味が特徴。ゴミシとは「五つの味がする実」という意味で、韓国料理の五味（酸味、苦味、甘味、辛味、塩味）をすべて持っていることを表す。

대《テ》추《チュ》차《チャ》

乾燥させたナツメを煮詰めて作るお茶。砂糖や蜂蜜を加えた濃厚なものもあるが、こちらの店では甘さ控えめ。ナツメの果肉も入っている。店ごとに甘さにかなり差がある。

복《ポッ》분《プン》자《ジャ》차《チャ》

砂糖漬けにした山イチゴのエキスをお湯で溶いたお茶。華やかなベリーの香りを楽しめる。甘味がかなり濃いめなのでそのつもりで！漢字では覆盆子茶と書き、強壮、強精などに効果があるとされる。

— 솔《ソル》잎《リプ》차《チャ》 —

松の葉を煮込んだ、深みのある香りのお茶。砂糖を加えて飲むのが一般的。ビタミンA、Cが豊富で、高血圧、動脈硬化、不眠症などに効果があるとされる。

— 유《ユ》자《ジャ》차《チャ》 —

ユズの皮を細切りにして砂糖や蜂蜜に漬け込み、お湯で溶いたお茶。ユズの香りと酸味は日本人にもなじみのある味。韓国では冬場に飲む伝統茶の定番の一つ。風邪の予防や疲労回復にもよいとされる。

— 딸《タル》기《ギ》홍《ホン》차《チャ》와《ワ》 유《ユ》자《ジャ》블《ブル》렌《レン》딩《ディン》차《チャ》 —

イチゴ紅茶とユズ茶をブレンドしたオリジナル茶。華やかさのある甘い香りがなによりの持ち味。最初はイチゴの甘味、後味にユズの酸味がきて、一口で二つの味が楽しい一杯。

—— 매《メ》 실《シル》 차《チャ》 ——

砂糖漬けにした青梅のエキスをお湯で溶いたお茶。上品な梅の香りでホッと一息。消化を助ける働きがあるので、食あたりの予防としても飲まれる。

쌍《サン》화《ファ》차《チャ》

漢字で双和茶と書く韓方茶で、陰陽を調和するとの意味がある。芍薬（しゃくやく）、黄耆（おうぎ）、当帰（とうき）などを煎じて作る。疲労回復や風邪に効果があるとされる。ほの苦く、韓方香強め。

말《マル》차《チャ》에《エ》이《イ》드《ドゥ》

酸味の効いたエードに抹茶粉末をブレンドしたオリジナルドリンク。味が想像しにくいかもしれないが、意外にもエードの甘味、酸味と抹茶の香りがマッチしていてごくごく飲める。

녹《ノク》 차《チャ》

韓国語で緑茶はノクチャと読む。急須で提供され、一人前で４～５杯は楽しめる。爽やかな香りとほんのりとした渋味。日本の緑茶よりうすくみえるが香りはよく出ている。

P124～129で紹介した伝統茶はすべて MAP ▶ P.137 H 16 のもの。

これでもっと楽しく！指さし韓国語

ホテルのレストランや、観光地の有名店であれば英語、日本語が通じることもあるが、基本的には韓国語でのやりとりが必須。指さしだけでなく、一言であっても韓国語でコミュニケーションをはかると、心の距離がぐっと近づくのでおすすめ！

····· オーダー時に伝えたいこと ·····

여기요《ヨギヨ》~!

すいませ～ん！

뭐가《ムォガ》 맛있어요《マシッソヨ》?

何がおいしいですか？

「　」주세요《チュセヨ》.

「　」をください。例：물《ムル》（水）　앞접시《アプチョプシ》（取り皿）

저거랑《チョゴラン》 같은《カトゥン》 거《ゴ》 주세요《チュセヨ》.

あれと同じものをください。

「　」있어요《イッソヨ》?

「　」はありますか？

「　」들어가《トゥロガ》 있어요《イッソヨ》?

「　」は入っていますか？

1인분도《イリンブンド》 되나요《トゥェナヨ》?

一人前でもいいですか？

많이《マニ》 매워요《メウォヨ》?

かなり辛いですか？

안《アン》 맵게《メプケ》 해《ヘ》 주세요《ジュセヨ》.

辛くないようにしてください。

포장《ポジャン》 돼요《トゥェヨ》？
テイクアウトできますか？

……料理が出てきた時に伝えたいこと……

이거《イゴ》 어떻게《オットケ》 먹어요《モゴヨ》？
これはどうやって食べますか？

이제《イジェ》 먹어도《モゴド》 돼요《トゥェヨ》？
もう食べてもいいですか？

불판《プルパン》 갈아《カラ》 주세요《ジュセヨ》.
（焼肉の）鉄板をかえてください。

라면사리《ラミョンサリ》 넣어《ノオ》 주세요《ジュセヨ》.
（鍋料理の残ったスープに）ラーメンを入れてください。

밥《パプ》 좀《チョム》 볶아《ポッカ》 주세요《ジュセヨ》.
（鍋料理の残ったスープで）ごはんを炒めてください。

1인분만《イリンブンマン》 더《ト》 주세요《チュセヨ》.
もう一人前ください。

이것《イゴッ》 좀《チョム》 더《ト》 주세요《チュセヨ》.
（副菜などを）これをもう少しください。

계산해《ケサネ》 주세요《ジュセヨ》.
お会計してください。

얼마예요《オルマエヨ》？
いくらですか？

…… わかると便利 ……

메뉴판《メ ニュ パン》
メニュー

가격《カ ギョク》
価格

선불《ソン ブル》
前払い

예약《イェ ヤク》
予約

금연《ク ミョン》
禁煙

영업시간《ヨン オプ シ ガン》
営業時間

휴무일《ヒュ ム イル》
定休日

화장실《ファ ジャン シル》
トイレ

가게 명함《カ ゲ ミョン ハム》
ショップカード

영수증《ヨン ス ジュン》
領収書

…… 食器類 ……

수저《ス ジョ》
スプーンと箸

숟가락《スッ カ ラク》
スプーン

젓가락《チョッ カ ラク》
箸

접시《チョプ シ》
皿

컵《コプ》
コップ

가위《カ ウィ》
ハサミ

휴지《ヒュ ジ》
紙ナプキン

물수건《ムル ス ゴン》
おしぼり

앞치마《アプ チ マ》
エプロン

병따개《ピョン タ ゲ》
栓抜き

…… 単位 ……

1 인분《イ リン ブン》
一人前

2 인분《イ イン ブン》
二人前

3 인분《サ ミン ブン》
三人前

4 인분《サ イン ブン》
四人前

한 개《ハン ゲ》
1個

두 개《トゥ ゲ》
2個

세 개《セ ゲ》
3個

네 개《ネ ゲ》
4個

대짜《テ ッチャ》
大サイズ

중짜《チュン チャ》
中サイズ

소짜《ソ ッチャ》
小サイズ

…… しゃべってみたいフレーズ ……

안녕하세요？《アンニョン ハ セ ヨ》
こんにちは。

잘 먹겠습니다.《チャル モ ッケッ スム ニ ダ》
いただきます。

건배！《コン ベ》
乾杯！

아주 맛있어요.《ア ジュ マ シッ ソ ヨ》
とてもおいしいです。

화장실이 어디예요？《ファ ジャン シ リ オ ディ エ ヨ》
トイレはどこですか？

이거 포장해 주세요.《イ ゴ ポ ジャン ヘ ジュ セ ヨ》
これを包んでください。

잘 먹었습니다.《チャル モ ゴッ スム ニ ダ》
ごちそうさまでした。

또 올게요.《ット オル ケ ヨ》
また来ます。

料理を掲載した店舗リスト

おまけ

※2019年3月現在
※ソウル・釜山の移動は地下鉄がオススメ。駅から遠い場所はタクシーを併用しよう。
※住所は道路住所で記載（旧住所の地番住所も使用されている）。
※NAVER、コネストなどの地図アプリを使用すると便利。
※日本からの国際電話は、韓国の国番号82の後、市外局番の0を取ってかける。
※旧正月・秋夕（陰暦8月15日）前後は多くの飲食店が休みとなる。

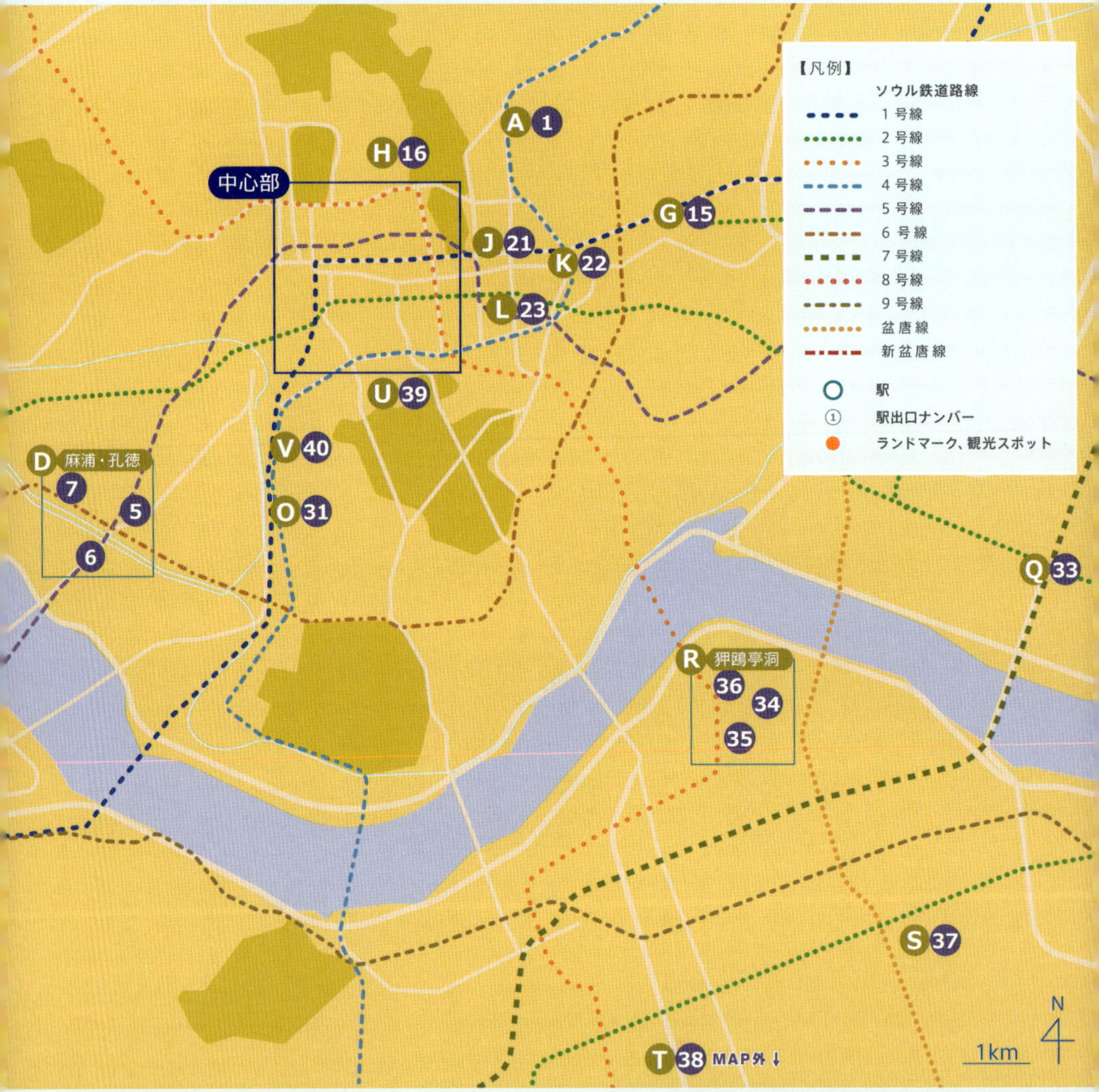

ソウル全体マップ

旅するには全体的な位置関係や方向が大切。ということで、まずは全体マップでさらりと場所をチェックしよう。地図上にある番号と下の店番号が対応している。各店舗の詳細は次のページから。

1. 순대실록 スンデシルロク
2. 정통삼계탕원가 チョントンサムゲタン ウォンガ
3. 무교동북어국집 ムギョドン プゴクッチプ
4. 리북손만두 リブクソンマンドゥ
5. 모이세 モイセ
6. 서산꽃게 ソサンコッケ
7. 을밀대 ウルミルデ
8. 능라밥상 ヌンナパプサン
9. 종로진낙지 チョンノ チンナクチ
10. 소문난집추어탕 ソムンナンチプチュオタン
11. 툇마루집 テンマルチプ
12. 시골집 シゴルチプ
13. 속초생태집 ソクチョ センテチプ
14. 진주회관 チンジュフェグァン
15. 손가네닭한마리 ソンガネタッカンマリ
16. 문향재 ムニャンジェ
17. 조선옥 チョソノク
18. 동원집 トンウォンチプ
19. 평래옥 ピョンネオク
20. 이남장 イナムジャン
21. 광장시장 広蔵市場（クァンジャンシジャン）
22. 호남집 ホナムチプ
23. 오장동흥남집 オジャンドン フンナムチプ
24. 돼지저금통 テジチョグムトン
25. 홍대영빈루 ホンデ ヨンビンヌ
26. 명동고로케 32G ミョンドン コロッケ 32G
27. 예지분식 イェジブンシク
28. 쥬씨 JUICY（ジューシー）
29. 이삭토스트 Isaac トースト（イサクトストゥ）
30. 밀키비 Milky Bee（ミルキービー）
31. 털보집 トルボチプ
32. 탐라식당 タムナシクタン
33. 명봉양꼬치 ミョンボンヤンコチ
34. 장사랑 チャンサラン
35. 두레국수 トゥレグクス
36. 리김밥 リキムパプ
37. 두꺼비정육점직영식당 トゥッコビ チョンユッチョム チギョンシクタン
38. 참숯닭 チャムスッタク
39. 목멱산방 モンミョクサンバン
40. 쓰요시노이에 ツヨシノイエ
41. 꼬꼬댁옻닭닭곰탕 ココデク オッタッ タッコムタン

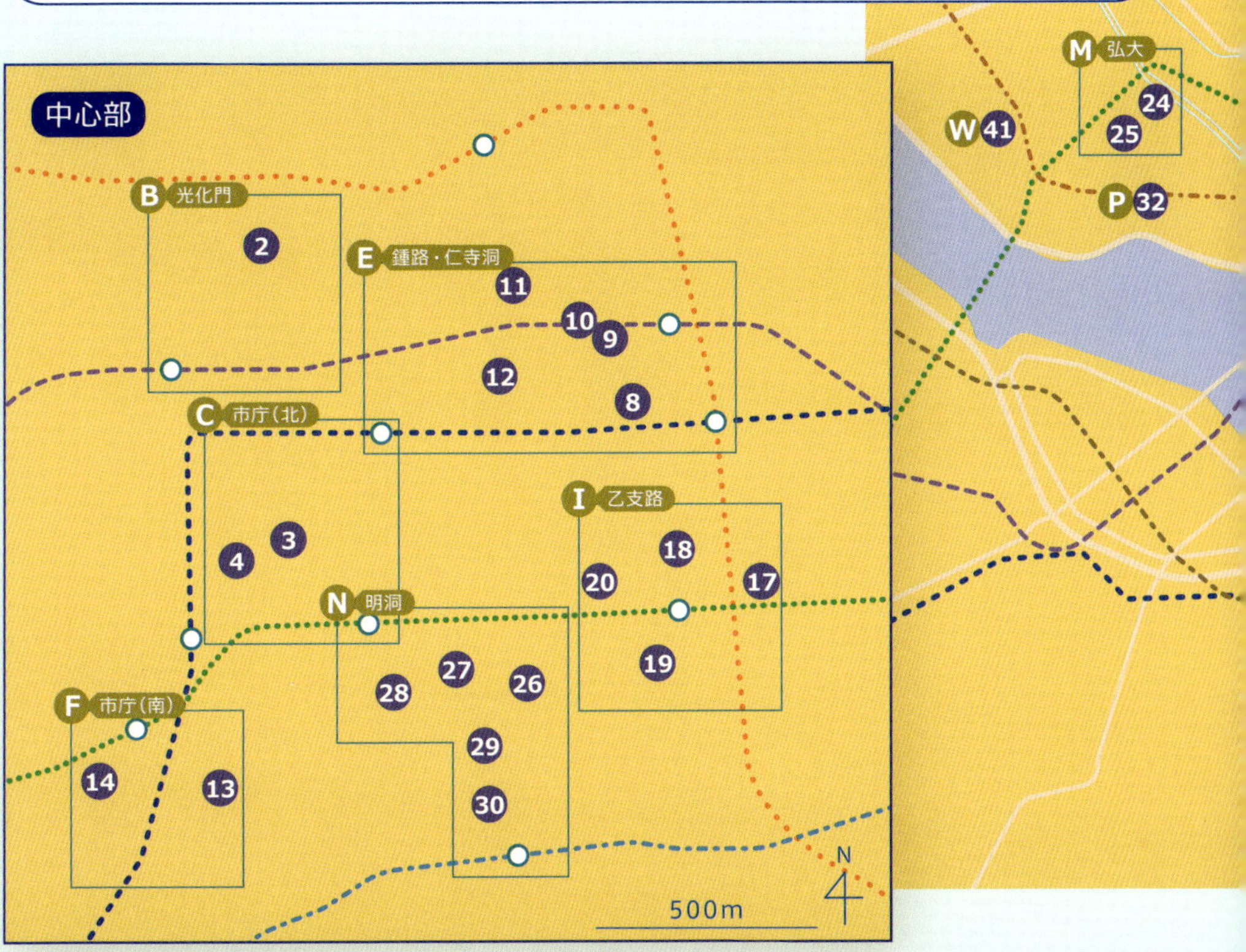

掲載店舗の詳細情報

【表記例】
マップ掲載番号
店名
ひとことメモ
住所
電話番号
営業時間
定休日(旧正月など特別な休日は含みません)
掲載ページ

N

※マップは基本的に北上です。個別マップの縮尺はそれぞれ違います。
※距離感は P.134 の全体マップをご参照ください。

NAVER やコネストなどの地図アプリを使用する場合は電話番号での検索が便利。タクシー利用の場合は、住所のハングルを見せてナビを使ってもらおう。ナビがないタクシーの場合は店に電話をしてもらうと確実。

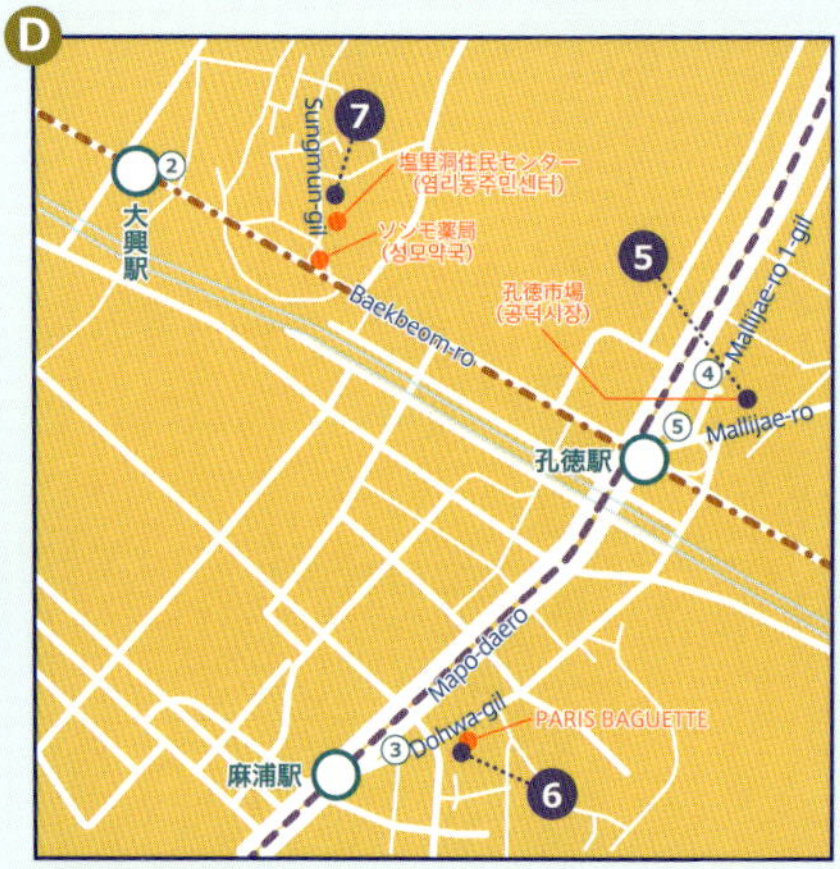

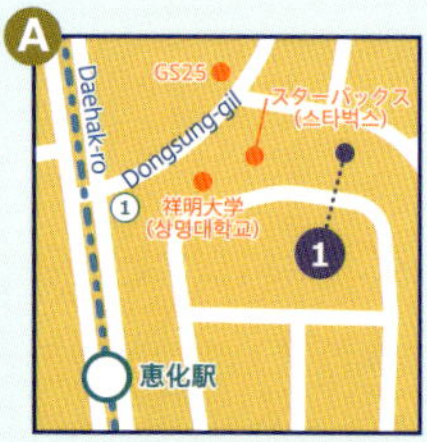

❶ スンデシルロク

スンデステーキなど独創性を得意とするスンデ専門店。
서울시 종로구 동숭길 127
02-742-5338　24 時間
無休
P.26、84

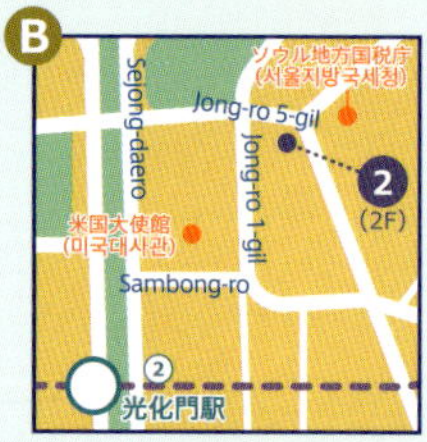

❷ チョントンサムゲタン ウォンガ

各国の大使館関係者が通い詰めるサムゲタンの老舗店。
서울시 종로구 종로5길 95, 2층
02-739-4280　10:00 ～ 22:00(21:30LO)　第 1、3 日曜定休
P.20

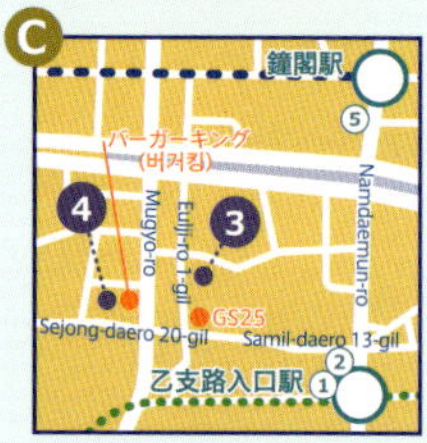

❸ ムギョドン プゴクッチプ

早朝から大勢のサラリーマンで賑わうプゴクッ専門店。
서울시 중구 을지로1길 38
02-777-3891　7:00 ～ 20:00(土日祝は～ 16:00、各 5 分前まで LO)　無休
P.24

❹ リブクソンマンドゥ

平壌式餃子専門店。バーガーキング裏の細い路地の奥。
서울시 중구 무교로 17-13
02-776-7350　11:00 ～ 21:00(20:30LO)　日曜定休
P.43、104

❺ モイセ

地元銘柄の孔徳洞マッコリを飲める市場内の居酒屋。
서울시 마포구 만리재로 19
02-712-2595　11:00 ～ 23:00　土日祝定休
P.85

❻ ソサンコッケ

カンジャンケジャンはココ。パリバゲット脇の路地奥。
서울시 마포구 도화길 12-3
02-719-9693　12:00 ～ 14:30、18:00 ～ 21:00　無休
3 ～ 4 日前に要予約　P.46

❼ ウルミルデ

住宅街にあって昼過ぎまで行列の絶えない絶品冷麺店。
서울시 마포구 숭문길 24
02-717-1922　11:00 ～ 22:00(21:40LO)　無休
P.54

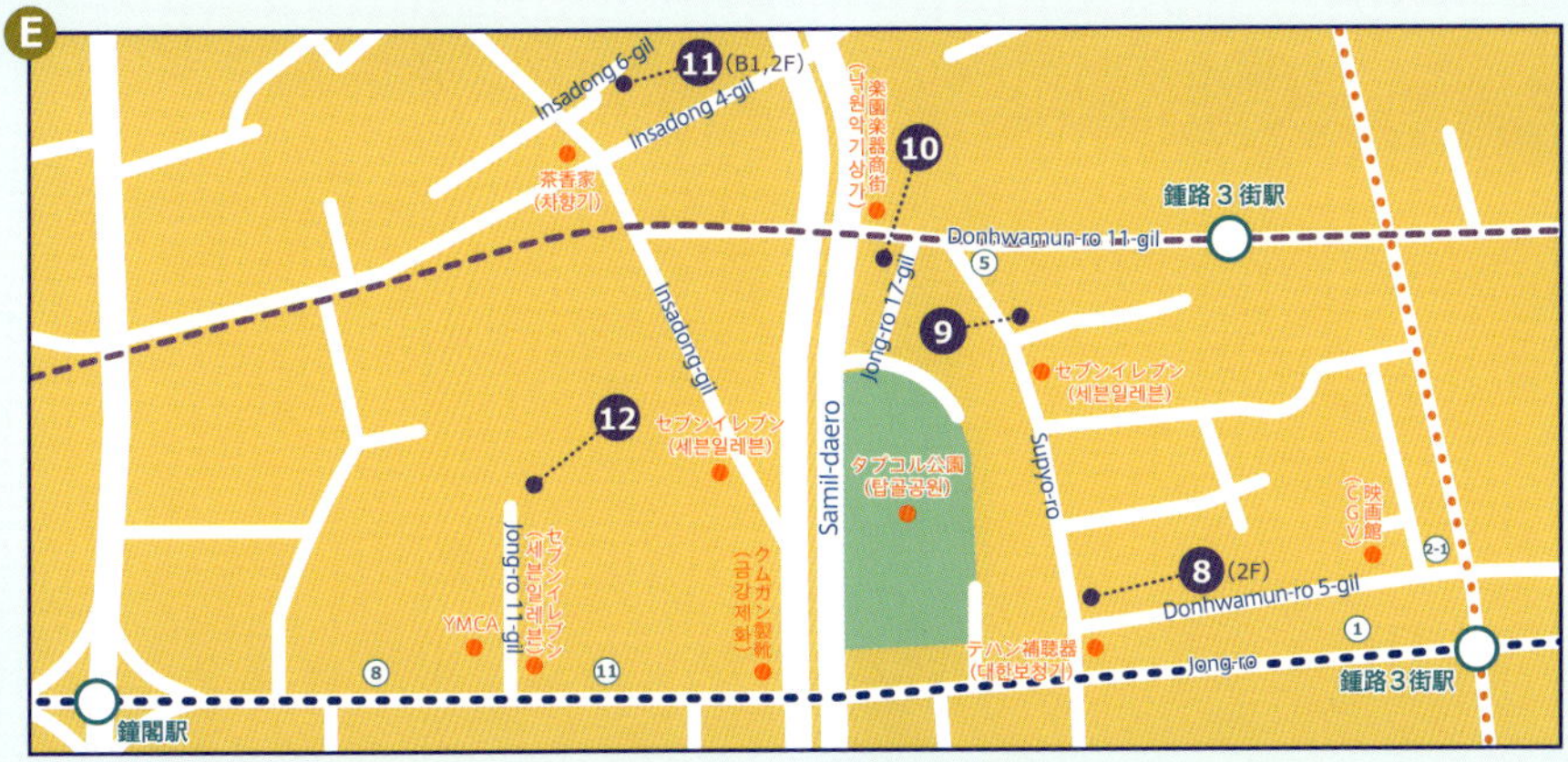

8 ヌンナパプサン

脱北者の方が経営する北朝鮮地域の郷土料理専門店。
서울시 종로구 돈화문로5길 42, 2층
02-747-9907　11:30 ～ 22:00（21:00LO、稀に品切れ閉店あり）　無休
P.36、45、98

9 チョンノ　チンナクチ

産地直送のテナガダコを鉄板炒めや鍋料理として提供。
서울시 종로구 수표로 122
02-742-0621　11:00 ～ 15:00、16:30 ～ 22:00（土日祝のみ夜営業が 16:00 ～、21:00LO）　7 ～ 9 月のみ月曜定休
P.81、102

10 ソムンナンチプチュオタン

このご時世に 1 人前 2,000W の激安定食を提供する店。
서울시 종로구 수표로 131
02-742-1633　4:30 ～ 22:00（21:30LO）　無休
P.30

11 テンマルチプ

味噌ビビンバ専門店。仁寺洞 6 キルの路地を奥へ入る。
서울시 종로구 인사동4길 5-26, 지하1층, 2층
02-739-5683　11:30 ～ 21:30（21:00LO）　無休
P.38

12 シゴルチプ

古民家を利用した風情を自慢とする安東料理の専門店。
서울시 종로구 종로11길 22
02-734-0525　11:00 ～ 22:00（21:00LO）　日曜定休
P.44、76

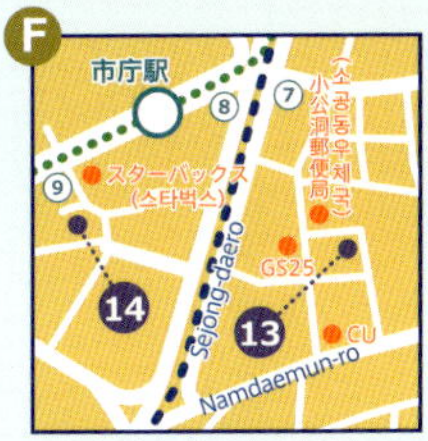

13 ソクチョ センテチプ

産直の旬魚介が自慢。郵便局先の GS25 を左、突当り右。
서울시 중구 남대문로 25-17
02-753-8944　9:00 ～ 21:50（21:00LO、土曜は～ 21:00 で 20:00LO）　日曜定休　P.100、101

14 チンジュフェグァン

ソウルを代表するコングクス（3 ～ 11 月限定）専門店。
서울시 중구 세종대로11길 26
02-753-5388　11:00 ～ 22:00（品切れ閉店、土日祝は～ 21:00、各 30 分前 LO）　無休
P.58

15 ソンガネタッカンマリ

ニンニクをどっさり大量に入れるタッカンマリ専門店。
서울시 종로구 종로66가길 10
02-2234-9065　12:00 ～ 15:00、17:00 ～ 22:00（21:00LO）　日曜定休
P.92

16 ムニャンジェ

店名は「チャヒャンギ トゥンヌンチプ」とも言う。
서울시 종로구 북촌로5길 29
02-720-9691　12:00 ～ 21:00　無休
P.124～129

22 ホナムチプ

各種焼き魚定食が自慢。タッカンマリ横丁と同じ路地。
서울시 종로구 종로40가길 5
02-2279-0996　6:00 ～ 20:30(20:15LO)　日曜定休
P.80

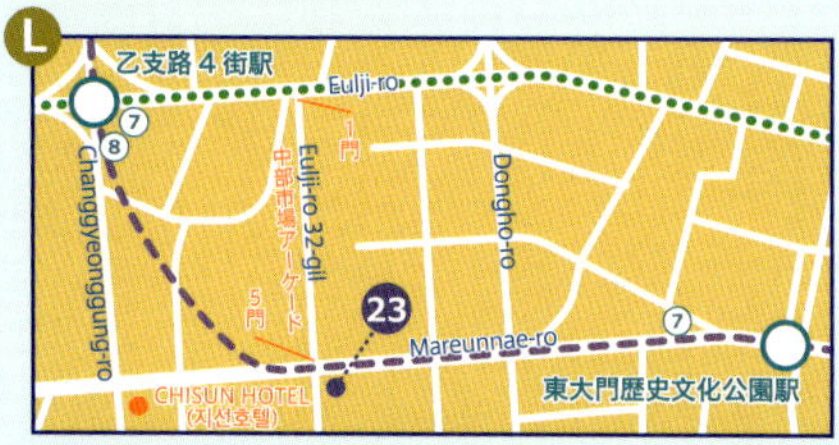

23 オジャンドン フンナムチプ

五壮洞冷麺通りでもっとも老舗。中部市場入口向かい。
서울시 중구 마른내로 114
02-2266-0735　11:00 ～ 21:00(20:30LO)　第 2、4 水曜定休　P.56

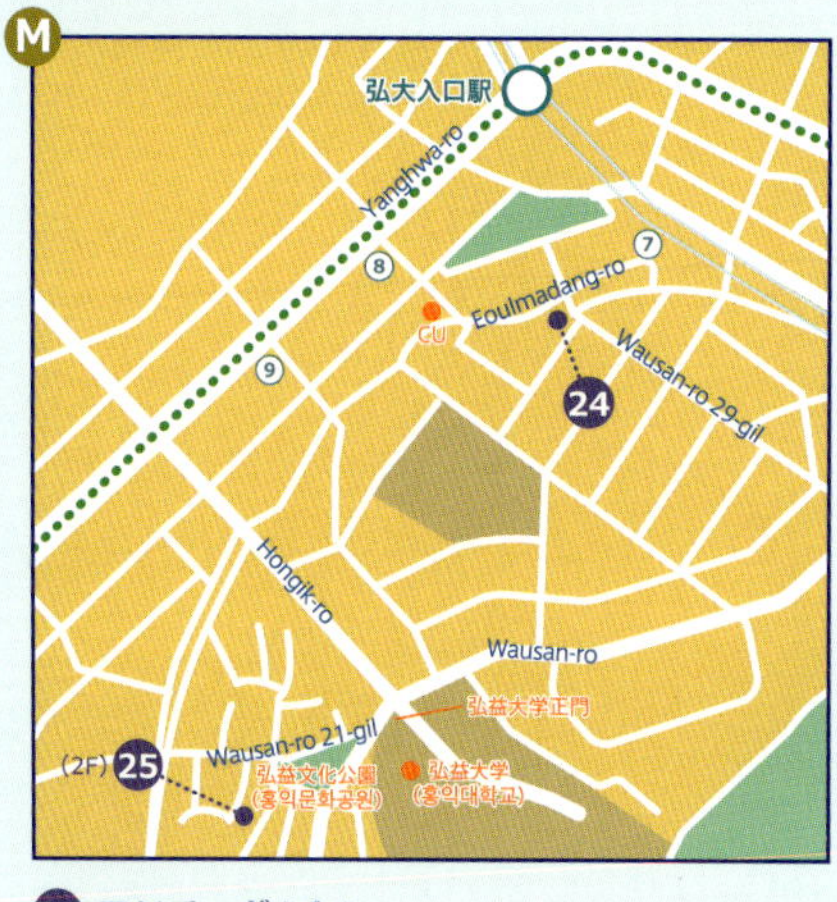

24 テジチョグムトン

熱した石の上で焼くスタイルが珍しい豚中心の焼肉店。
서울시 마포구 어울마당로 146-1
02-323-6292　14:00 ～翌 2:00(翌 1:00LO)　火曜定休　P.74

25 ホンデ ヨンビンヌ

全国五大チャンポンの一角。弘益文化公園の脇を入る。
서울시 마포구 와우산로21길 19-16, 2층
02-322-8884　11:00 ～ 22:00(21:20LO)　無休
P.31、62、64

17 チョソノク

大邱式牛肉スープのテグタンを提供するほぼ唯一の店。
서울시 중구 을지로15길 6-5
02-2266-0333　11:30 ～ 22:00(21:00LO)　第 2、4 日曜定休、1 月 1 ～ 2 日休み
P.19

18 トンウォンチプ

カムジャクッだけでなくスンデ(腸詰め)も美味しい。
서울시 중구 을지로11길 22
02-2265-1339　8:30 ～ 22:00(土曜・祝日は～ 21:00、各 30 分前 LO)　日曜定休
P.22

19 ピョンネオク

鶏冷麺のチョゲタンや平壌式寄せ鍋を味わえる冷麺店。
서울시 중구 마른내로 21-1
02-2267-5892　11:15 ～ 15:00、17:00 ～ 21:30(21:00LO)　日曜定休
P.27、31、61、96

20 イナムジャン

48 時間煮込む濃厚スープが自慢のソルロンタン専門店。
서울시 중구 삼일대로12길 16
02-2267-4081　9:00 ～ 21:00(20:30LO)　無休
P.16、18、31

21 広蔵市場 (クァンジャンシジャン)

(a)パッカネピンデトク
(b)スニネパンチャンチョンムン　(c)モニョキムパプ
시 중구 남대문로 25-17
02-753-8944　店舗によって異なる　無休
P.86、87

29 Isaac トースト

ほんのり甘い味付けが魅力の韓国式トースト専門店。
서울시 중구 명동10길 17-1
02-3789-2043　7:40 ~ 21:30　無休
P.49

30 Milky Bee

バラの花を模したアイスクリームが自慢のスイーツ店。
서울시 중구 명동8가길 11
02-3789-9646　11:00 ~ 24:00(早く閉まることも)
無休
P.67

31 トルボチプ

牛肉、ソーセージなどを炒めた韓国式ステーキ専門店。
서울시 용산구 한강대로88길 11-3
02-793-0606　10:30 ~ 22:00(21:00LO)　無休
P.82、95

32 タムナシクタン

ソウルで本格的な済州島の郷土料理や地酒を揃える店。
서울시 마포구 와우산로3길 19
02-337-4877　17:00 ~ 翌1:00(24:30LO)　日曜定休　P.28、59

26 ミョンドン コロッケ 32G

アンコやクリームチーズを入れた韓国式コロッケの店。
서울시 중구 명동길 83
02-777-7376　8:30 ~ 11:00、12:00 ~ 18:00 ぐらい(品切れで閉店)　月曜定休　P.67

27 イェジブンシク

明洞の裏路地にて早朝から営業する通好みの定食店。
서울시 중구 명동9길 17-3
02-777-1820　5:00 ~ 21:00(日曜は~ 14:00、各1時間前LO)　無休　P.31、42、48

28 JUICY

巨大容器でたっぷり飲める生フルーツジュース専門店。
서울시 중구 남대문로 78
電話なし　9:00 ~ 22:30(日曜は10:00 ~)　無休
P.67

38 チャムスッタク

網焼きタッカルビ店。良才近隣公園前農協の路地入る。
서울시 서초구 동산로6길 37
02-572-6616　12:00 ~ 16:00、17:00~22:00(月曜は17:00 ~、各1時間前 LO)　無休　P.31、60、77

39 モンミョクサンバン

南山の散策路から移転。リラ小学校道路挟んで向かい。
서울시 중구 퇴계로20길 71
02-318-4790
11:00 ~ 21:00
(20:30LO)　無休
P.39

40 ツヨシノイエ

奥様手作りの朝食が有名な日本人向けのゲストハウス。
서울시 용산구 후암로30길 17, 401호
02-774-0351　朝食は8:00 ~ 8:30 頃開始(宿泊客のみ)　無休 送迎有り
P.49

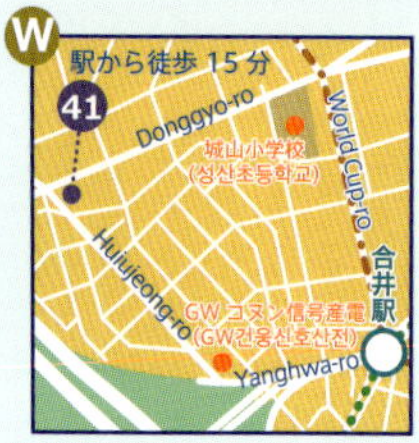

41 ココデク オッタッ タッコムタン

地元客の支持が厚い鶏料理専門店。サムゲタンも人気。
서울시 마포구 동교로 26
02-3142-8587　8:30 ~ 22:00(21:00LO)　無休
P.94

33 ミョンボンヤンコチ

一帯に集まる朝鮮族料理店の中でもひと際有名な一軒。
서울시 광진구 뚝섬로31길 59
02-498-8808　12:00 ~ 翌 2:00(24:30LO)　無休
P.78

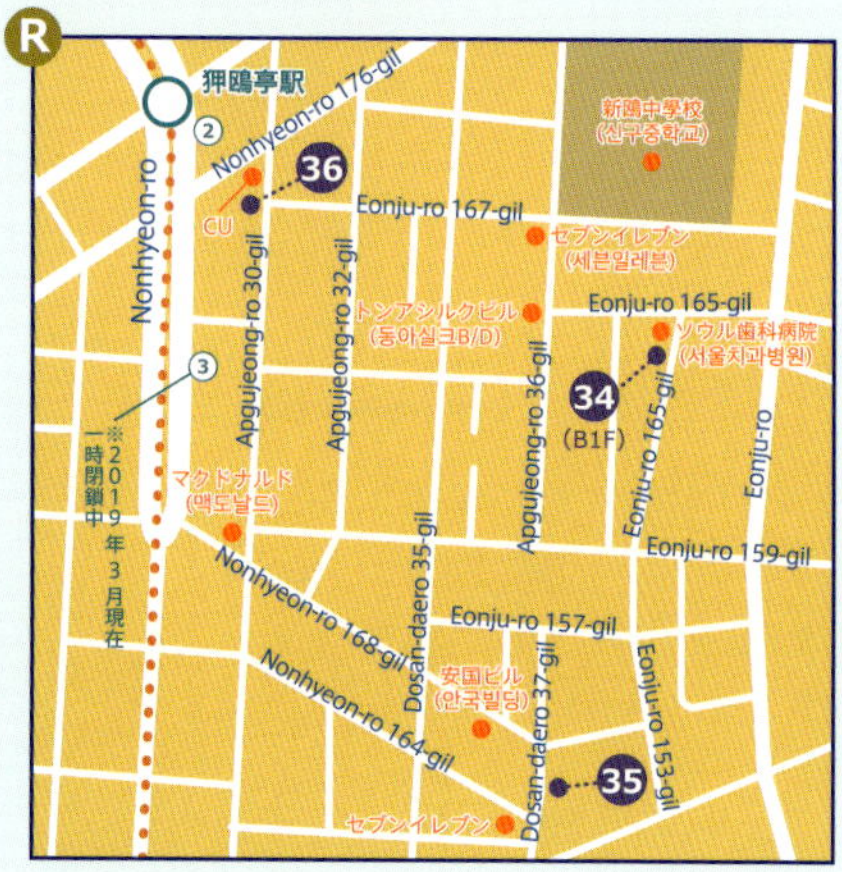

34 チャンサラン

狎鴎亭洞で普段使いできる定食店。円形の入口の地下。
서울시 강남구 언주로165길 7-4 지하1층
02-546-9994　11:30 ~ 21:00(20:30LO)　1月1日休み　P.40、65

35 トゥレグクス

牛肉、春菊などが入ったオリジナル麺を自慢とする店。
서울시 강남구 도산대로37길 28
02-3444-1421　11:00 ~ 21:00(20:00LO)　土日祝定休　P.66、105

36 リキムパプ

キムパプの常識を変えたプレミアムブームの火付け役。
서울시 강남구 압구정로30길 12
02-548-5552　8:30 ~ 21:00(20:30LO)　日曜定休
P.41

37 トゥッコビ チョンユッチョム チギョンシクタン

日本人に好まれる霜降り牛を自慢とする穴場の焼肉店。
서울시 강남구 역삼로 421
02-445-8742　11:00 ~ 22:30(土日祝は~ 22:00、各1時間前 LO)　無休　P.72

釜山全体マップ

旅するには全体的な位置関係や方向が大切。ということで、まずは全体マップでさらりと場所をチェックしよう。地図上にある番号と下の店番号が対応している。各店舗の詳細は次のページから。

1. 해운대기와집대구탕
   ヘウンデ キワチプテグタン
2. 송정3대국밥
   ソンジョン サムデクッパプ
3. 원조 할매집
   ウォンジョ ハルメチプ
4. 내호냉면
   ネホネンミョン
5. 실비집
   シルビチプ
6. 오복미역
   オボクミヨク
7. 돼지초밥
   Jacky's Seafood（ジャッキーズシーフード）
8. 대영양곱창 8호
   テヨンヤンゴプチャン 8号（パロ）
9. 부산족발
   プサンチョッパル
10. 삼진어묵
    サムジンオムク
11. 원조18번완당
    ウォンジョ シッパルボン ワンダン

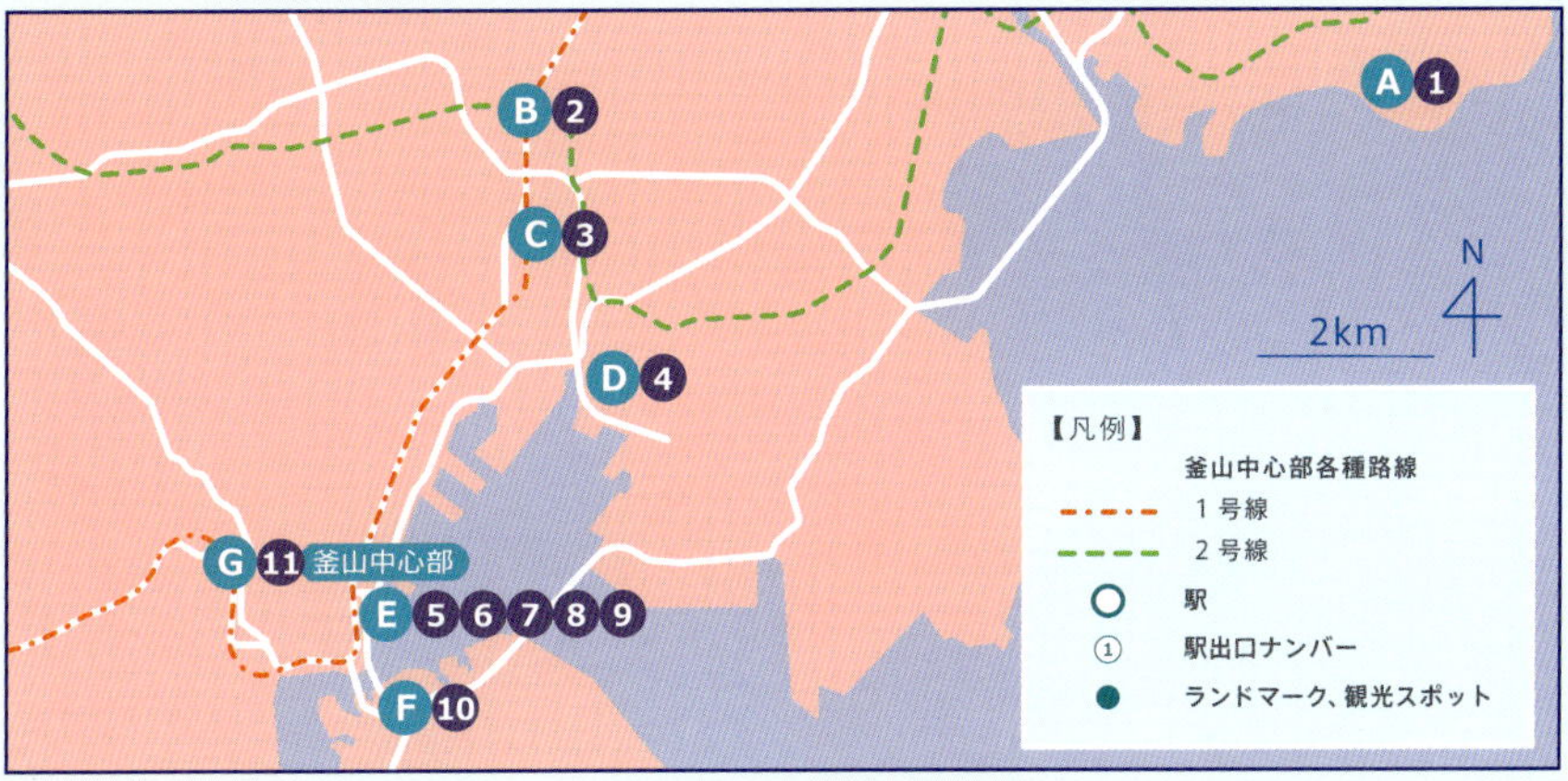

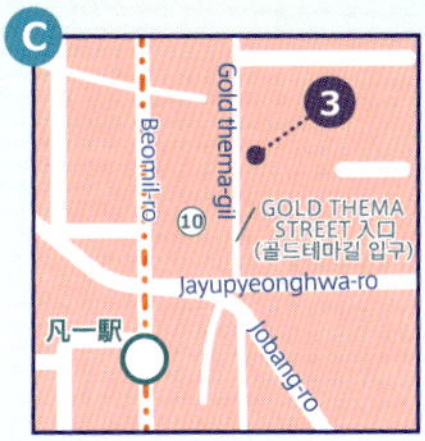

3 ウォンジョ ハルメチプ

鍋料理風に炒め煮る釜山式テナガダコ炒めの元祖店。
부산시 부산진구 골드테마길 10
051-634-9618　9:00 ~ 21:00（20:30LO）　無休
P.116

1 ヘウンデ キワチプテグタン

海雲台名物であるタラスープ専門店。タクシー推奨。
부산시 해운대구 달맞이길 104번길 46
051-731-5020　8:00 ~ 20:50（20:30LO）　無休
P.118

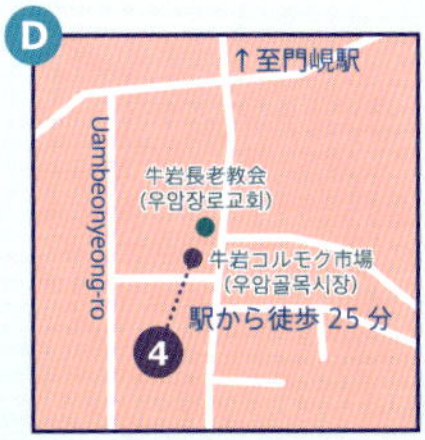

4 ネホネンミョン

牛岩市場内。タクシー推奨。
부산시 남구 우암번영로26번길 17
051-635-2295　10:00 ~ 20:00（5 ~ 8 月は 10:30 ~ 16:00、16:30 ~ 20:00）無休
P.112

2 ソンジョン サムデクッパプ

店頭で 24 時間スープを煮込むテジクッパプの老舗。
부산시 부산진구 서면로68번길 29
051-806-5722　24 時間　無休
P.110

10 サムジンオムク

練り物コロッケ開発の老舗メーカー。タクシー推奨。
부산시 영도구 태종로99번길 36
051-412-5468　9:00 ~ 20:00　無休
P.120

11 ウォンジョ シッパルボン ワンダン

日本で学んだワンタンを釜山に伝えて 70 年になる老舗。
부산시 서구 구덕로238번길 6
051-256-3391　10:00 ~ 20:00　月曜定休(11 ~ 2 月は定休なし)
P.121

5 シルビチプ

練炭の香りをまとったイイダコ焼き自慢の路地裏居酒屋。
부산시 중구 중앙대로29번길 2-13
051-245-6806　11:00 ~ 23:00(ランチメニューは~14:00、22:30LO)　無休　P.117

6 オボクミヨク

カレイやアワビを入れた豪華なワカメスープの専門店。
부산시 중구 구덕로34번길 4
051-256-3358　8:00 ~ 22:00(21:20LO)　無休
P.119

7 Jacky's Seafood

チャガルチ市場の建物 2 階で新鮮魚介をさばく刺身店。
부산시 중구 자갈치해안로 52, 2층(자갈치시장)
051-246-2594　9:30 ~ 22:00(21:00LO)　第 1、3 火曜定休　P.122

8 テヨンヤンゴプチャン 8 号

ひとつの店に複数の屋台風店舗が入るホルモン焼き店。
부산시 중구 자갈치로59번길 5-31
051-254-0857　13:00 ~翌 1:00　無休
P.114

9 プサン チョッパル

サラダ風にさっぱり味わえる釜山式冷製豚足の元祖店。
부산시 중구 광복로 17-1
051-245-5359　11:30 ~翌 1:00(24:00LO)　無休
P.115

ごちそうさまでした。

○ 著者　八田靖史
○ 編集　株式会社エディポック
○ 撮影　佐藤憲一
○ 装丁・デザイン・マップ制作　横田光隆
○ 現地コーディネート　丹野幸子

そのほか韓国の知人・友人たち、韓国好きの旅行者のみなさま、ご協力いただいたすべての方々に、感謝を込めて。

<著者プロフィール>

八田靖史

コリアン・フード・コラムニスト。慶尚北道、および慶尚北道栄州市広報大使。1999 年に韓国に留学した際、韓国料理の魅力にとりつかれ、帰国後はその魅力を伝えるべく、雑誌、新聞、ウェブで執筆活動を開始。トークイベントや講演のほか、韓国グルメツアーのプロデュースも行っている。著書に『目からウロコのハングル練習帳』(学研)、『魅力探求！韓国料理』(小学館)、『八田靖史と韓国全土で味わう 絶品！ぶっちぎり108料理』(三五館)、『イラストでわかる はじめてのハングル』(高橋書店) ほか多数。韓国料理が生活の一部になった人のためのウェブサイト「韓食生活 (www.kansyoku-life.com/)」を運営。

地元《じもと》っ子《こ》、旅《たび》のリピーターに聞《き》きました。
韓国《かんこく》行《い》ったら これ食《た》べよう！

NDC 292
2019 年 3 月 22 日　発　行　NDC 292
2019 年 7 月 10 日　第 3 刷

著　者　八田《はった》靖史《やすし》
発行者　小川雄一
発行所　株式会社 誠文堂新光社
〒113-0033　東京都文京区本郷 3-3-11
[編集]　電話 03-5805-7762
[販売]　電話 03-5800-5780
http://www.seibundo-shinkosha.net/
印刷所　株式会社 大熊整美堂
製本所　和光堂 株式会社

ISBN978-4-416-51950-9